TRAITÉ PRATIQUE

DE LA

COMPTABILITÉ COMMUNALE

OUVRAGE EXPLIQUANT

D'APRÈS UN PLAN MÉTHODIQUE ET NOUVEAU

LES RECETTES ET LES PIÈCES JUSTIFICATIVES DES DÉPENSES
ORDINAIRES ET EXTRAORDINAIRES

DU BUDGET MUNICIPAL

ET CONTENANT EN OUTRE, DANS DES ANNEXES

UN MODÈLE DE COMPTE ADMINISTRATIF ET DES DÉLIBÉRATIONS
QUI S'Y RAPPORTENT

ET AUSSI QUELQUES LOIS D'ADMINISTRATION MUNICIPALE

GUIDE FACILE

DE MM. LES MAIRES, CONSEILLERS MUNICIPAUX
ET SECRÉTAIRES DE MAIRIE

PAR MM.

ADAM	**AUBERT**
Instituteur communal	Inspecteur primaire

Prix net : 2 fr. — Franco : 2 fr. 15.

EN VENTE

CHEZ LES AUTEURS, A SEPTEUIL

(SEINE-ET-OISE)

TRAITÉ PRATIQUE

DE LA

COMPTABILITÉ COMMUNALE

Paris. — Impr. E. CAPIOMONT et V. RENAULT, rue des Poitevins, 6.

TRAITÉ PRATIQUE

DE LA

COMPTABILITÉ COMMUNALE

OUVRAGE EXPLIQUANT

D'APRÈS UN PLAN MÉTHODIQUE ET NOUVEAU

LES RECETTES ET LES PIÈCES JUSTIFICATIVES DES DÉPENSES
ORDINAIRES ET EXTRAORDINAIRES

DU BUDGET MUNICIPAL

ET CONTENANT EN OUTRE, DANS DES ANNEXES

UN MODÈLE DE COMPTE ADMINISTRATIF ET DES DÉLIBÉRATIONS
QUI S'Y RAPPORTENT

ET AUSSI QUELQUES LOIS D'ADMINISTRATION MUNICIPALE

GUIDE FACILE

DE MM. LES MAIRES, CONSEILLERS MUNICIPAUX ET SECRÉTAIRES DE MAIRIE

PAR MM.

ADAM | **AUBERT**
Instituteur communal | Inspecteur primaire

EN VENTE

CHEZ LES AUTEURS, A SEPTEUIL

(SEINE-ET-OISE)

1879

INTRODUCTION

Il y a quelque quarante ans, le maire d'une commune de Seine-et-Oise, un général en retraite, écrivait au Préfet de ce département, M. Aubernon, la lettre suivante, que nous citons de mémoire :

« Monsieur le Préfet, lorsque vous m'avez fait
« l'honneur de me nommer maire de la commune
« de N..., j'ai entendu, en acceptant ces fonctions,
« m'y dévouer sans réserve. Je tiens parole. Notre
« jeune instituteur, qui me sert de secrétaire, n'a pas
« moins de zèle. Lui et moi, nous faisons de notre
« mieux, et je puis dire sans vanité que les habitants
« sont contents de nous. Cependant, si pour réussir
« également à donner satisfaction à vos bureaux,
« avec lesquels je ne voudrais pas me brouiller, il est
« indispensable de vous envoyer après la session de
« mai qui va s'ouvrir, le grimoire que vous appelez
« budget, et auquel M. X... ni moi n'entendons rien,
« quelque effort que nous ayons fait pour le comprendre, je vous prie de recevoir ma démission. »

1

Le journal dans lequel nous avons lu dans le temps cette lettre ne dit pas si grande fut la surprise de M. Aubernon ni ce qu'il fit ; mais il y a tout lieu de croire que la bonté qui était le propre de son caractère lui aura fait trouver un moyen de tirer son maire d'embarras et de le conserver à la commune de N...

Quoi qu'il en soit, voilà donc, dans le vieux et dans le meilleur sens du mot, deux hommes de bonne volonté qui se rebutent aux premières difficultés de la comptabilité communale. Cette partie de la tâche d'un maire et de son secrétaire est-elle donc si ardue qu'elle mette ainsi au défi l'intelligence et le dévouement. Oui, si le dévouement et l'intelligence l'abordent sans étude préalable et sans guide. Nous-mêmes à nos débuts, nous avons éprouvé ces désespoirs. Tout était pour nous lettre close. Les mots : *Budget, gestion, exercice, principal de contributions, centimes spéciaux, mandats de paiement,* etc., etc., frappaient nos yeux sans pénétrer notre intelligence. La lumière ne s'est faite dans notre esprit que peu à peu, avec le temps, de patientes recherches, les conseils d'autrui, la pratique des affaires. Qui nous eût aplani ces difficultés à cette époque, nous eût rendu un service inappréciable. Nous sortions de l'École normale de Versailles. Il semblait aux populations avec la haute réputation de cet établissement, que les élèves-maîtres dussent avoir en tout la science infuse. Hélas ! on y faisait bien un cours d'administration municipale, et c'est l'homme populaire que chacun connaît en France dans l'enseignement primaire, Théodore Lebrun, de digne mémoire, qui en était chargé, mais la comptabilité si importante et d'application quotidienne, avait échappé à l'appréciation de l'éminent pédagogue, et dans cet ordre de connaissances, au lieu de tout savoir, nous ne savions absolument rien.

Conçoit-on le tourment d'esprit de jeunes gens de cœur qui ont tout à coup à s'occuper de ce qu'ils ignorent et qui se trouvent exposés non-seulement à perdre de leur considération, mais encore et surtout à compromettre les intérêts au service desquels ils apportent leur concours?

Ce tourment, nous voudrions l'épargner à ceux qui nous suivent dans la carrière; ce service, que nous eussions payés, ce nous semble, du prix de la reconnaissance, nous cherchons à le leur rendre en publiant cet ouvrage, dont le germe s'est trouvé dans les notes prises par nous, au jour le jour, pendant de longues années, et au pied des affaires.

Nous pensons, d'un autre côté, que notre travail ne sera pas inutile à messieurs les Maires et à messieurs les Membres des Conseils municipaux des communes rurales, communes dans le point de vue desquelles nous nous sommes plus particulièrement placé.

En effet, dans les actes municipaux, la forme, qui relève avant tout du secrétaire, n'importe pas seule ; la décision, qui la précède et en est l'âme, constitue la prérogative du Maire et du Conseil, et c'est à eux qu'incombe la responsabilité morale des faits administratifs. Son propre intérêt donc, le respect de soi, celui que l'on doit à la confiance de ses commettants, le dévouement à la chose publique qu'attend le pays, car le mandat municipal s'élève jusque-là, tout fait aux membres des corps municipaux une loi de ne traiter des affaires communales qu'à bon escient, en connaissance de cause, et non à la légère.

Trop longtemps on s'est mépris ou l'on a volontairement fermé les yeux sur les obligations étroites qu'imposent les fonctions de maires et de conseillers municipaux. A d'honorables exceptions près, on les avait briguées plus mû par les suggestions de l'amour-propre que porté au dévouement par les inspirations d'une noble générosité. Quelquefois même on recherchait un siège au Conseil municipal pour donner satifaction à des convoitises privées ou à des intérêts de parti. Quant à compter avec ses lumières ou sa compétence, on n'en avait souci.

De là ces partis pris, qui sont autant d'empêchements pour la bonne gestion des affaires ; de là ces non-valeurs d'opinion, qui font nombre dans la délibération, mais ne comptent pas dans le conseil.

Dans la branche d'administration qui fait l'objet de ce travail, que de votes inconscients et de signatures données aveuglement au cours et à la fin de la session de mai ! Combien de membres ne voient aux pièces soumises à leur examen que du blanc et du noir ! Est-ce ainsi que doivent être représentés dans le débat de leurs intérêts les citoyens d'un pays intelligent et libre ? L'heure est venue de rompre avec ces agissements, pernicieux encore à la bonne harmonie, car ils rendent possibles les abus, d'où sortent, à la longue, avec les oppositions sourdes et justifiées, les divisions profondes, déjà trop nombreuses parmi nous.

Nous serions heureux d'aider à un si désirable résultat.

Notre but exposé, voici maintenant l'économie du plan que nous avons suivi.

Nous avons composé un budget fictif, celui d'une commune de 6,000 âmes ; tous les cas, ou à peu près, de recettes et de dépenses susceptibles de se présenter dans un centre de cette importance, et par conséquent dans un centre moindre, y ont été prévus, et avec un chiffre de compte, destiné à rendre les opérations démonstratives et tangibles. Chacun des articles rangé par nature, chapitre, section et numéro, a été traité, si nous pouvons dire, didactiquement, et dans le plus grand détail lorsque la matière l'exigeait.

Non-seulement nous avons montré comment on procède, mais nous avons encore fait connaître avec un soin exact les pièces à produire, les lois, décrets, règlements, etc., sur lesquelles s'appuient les opérations.

On nous saura particulièrement gré, ce nous semble, d'avoir indiqué la manière de trouver les *recettes basées sur le principal des quatre contributions directes ;* celle de déterminer *l'insuffisance* des ressources pour couvrir les dépenses ordinaires ; celle de trouver la *quotité d'impôts* dus par chaque *contribuable* dans le cas d'un accroissement de dépenses ou d'une *imposition extraordinaire,* celle encore de fixer la subvention à laquelle une commune a droit pour l'instruction primaire, celle enfin dont peut s'effectuer un *entretien annuel* ou *isolé,* une *réparation,* une *construction.*

La question si complexe d'expropriation pour cause

d'utilité publique a été rendue aussi claire que possible. Le *compte administratif*, les *chapitres additionnels*, la *délibération* à prendre sur le *compte administratif* ont fait l'objet d'autant de modèles conçus d'après le même plan que le *budget primitif*. Nous pensons avoir rendu de la sorte accessible à toutes les intelligences le grimoire dont se dépitaient tant notre vieux général et son jeune instituteur. Puissions-nous avoir réussi !

TRAITÉ PRATIQUE

DE

LA COMPTABILITÉ

COMMUNALE

CONSEILS

POUR LA SESSION DE MAI

Avant chaque session de mai, il convient de se rendre compte de tous les besoins de la Commune au point de vue des réparations, de l'entretien, des acquisitions, des constructions neuves, etc., afin de faire, autant que possible, les prévisions des dépenses du budget à voter. Il importe également de tenir compte des délibérations financières intervenues depuis la session de mai précédente et dont les décisions, avec leurs conséquences, doivent figurer au budget primitif ou additionnel.

L'expérience démontre qu'il est bon de prévoir les recettes un peu au-dessous de leur rendement effectif, et les dépenses, au contraire, au-dessus des besoins réels, afin de ménager, en fin d'exercice, un excédant de recettes de 150 francs au moins par centaine d'habitants. De cette façon, les services sont assurés pendant les quatre premiers mois de chaque année, et la Commune est en mesure de pourvoir, dans le cours de l'exercice, à un besoin urgent et imprévu. Autrement les services pourraient demeurer en souffrance, car, pendant les quatre premiers mois, le Percepteur-Receveur municipal touche les douzièmes échus et les verse intégralement dans la caisse du Receveur particulier. Les fonds revenant à la Commune ne lui sont remis qu'en mars ou avril, sous le titre de subvention, pour l'instruction primaire et les chemins vicinaux ; sous celui de centimes communaux pour les autres dépenses.

En sorte que la Commune, qui a épuisé tous les crédits de l'exercice précédent et qui n'a rien de placé au Trésor, ne peut, pendant trois ou quatre mois, faire aucun paiement.

Il va sans dire qu'en somme les contribuables ne payent pas un centime de plus de contribution. En procédant ainsi que nous l'indiquons, on ne fait autre chose que leur demander par avance ce qu'on serait obligé de leur redemander, plus tard, sous forme d'insuffisance de revenu.

———

L'examen du Compte administratif et de Gestion, pendant la tenue de la session de mai, ne doit pas être fait en séance générale du Conseil, sans plus de soin. L'opération est trop sérieuse et, pour être faite avec maturité, elle demande trop de temps pour qu'il puisse en être ainsi. La confiance aveugle n'est point de mise en l'espèce. De son côté, la probité délicate et sévère n'admet point les faveurs de la bienveillance. Ce qu'elle demande, c'est d'être vue dans son intègre simplicité et à paraître telle aux yeux de tous. Elle y met sa satisfaction dont rien ne peut lui tenir compte.

Le mieux, pour sauvegarder tous les intérêts, est de former dans le sein du Conseil une commission du budget qui se fait remettre, entre deux séances, les *comptes, budgets, mandats, mémoires, factures, autorisations spéciales*, etc., qu'elle vérifie et confronte. Ensuite elle fait son rapport motivé en assemblée générale du Conseil qui adopte ou rejette les conclusions du rapporteur, après discussion.

Nous estimons également qu'il est d'ordre et de première nécessité au maire et, sous ses ordres, au secrétaire d'avoir un répertoire des mandats délivrés. Sans le secours de cet état, il est impossible de se reconnaître et de savoir, dans le cours de l'exercice, si les crédits ont été employés en tout ou en partie, et quelle partie il en reste. Une simple note ne suffit pas. Une mairie bien tenue doit toujours avoir ses comptes au courant et clairement établis.

Voici le modèle adopté par M. A. Radenez, de Montdidier (Somme) :

COMPTE DES DÉPENSES

. . . . art. . . . . du Budget.

DATE des MANDATS		Montant du crédit ouvert	par le budget primitif. par le chap. additionn. par autorisat. spéciale. Total. . . .	f. » » » »	c. » » » »	SOMMES DÉPENSÉES en 187 , 1re année de l'exercice.	en 187 , 2e année de l'exercice.

On trouve un autre modèle à la maison Paul Dupont, à Paris, rue Jean-Jacques-Rousseau, 49.

Ce répertoire peut également être fait à la main.

PRÉLIMINAIRES

—————

a. — Le *Budget* est l'état annuel des recettes et des dépenses d'un État, d'un département, d'une commune, etc.

Ce mot est anglais, mais il vient du vieux français *boulgette*, petite bourse, petit sac de cuir, et constitue ainsi pour nous une sorte de restitution, avec l'acception spéciale qu'il a aujourd'hui.

Le Budget de l'État, en France, est préparé par les différents ministères, discuté et voté par le Corps législatif et le Sénat.

Le Budget départemental, préparé par le Préfet, est soumis aux délibérations du Conseil général, puis arrêté par décret.

Le Budget communal, préparé dans chaque commune par le maire, est voté par le Conseil municipal, soumis au Sous-Préfet et arrêté par le Préfet.

Pour chaque année, il y a deux budgets : l'un dit *budget primitif*, l'autre *budget additionnel* ou supplémentaire, appelé aussi *chapitres additionnels*. Celui-ci n'est que le complément de celui-là.

Le premier, établi en session de Mai, a cours du 1er janvier de l'année suivante au 31 décembre de la même année. Il comprend, article par article, toutes les recettes et toutes les dépenses présumées.

Le second, formé au mois de mai de l'exercice en cours, c'est-à-dire une année plus tard que le budget primitif, comprend : *En recettes*, le reliquat et les restes à recouvrer de l'exercice clos le 31 mars précédent, comme aussi les ressources non prévues au budget primitif en cours ; *En dépenses*, les restes à payer de l'exercice clos et ce qui a été omis au Budget primitif. Ces dépenses sont justifiées de la même manière que celles du Budget primitif qui ont avec elles de l'analogie.

La période de temps légalement fixée pour effectuer les Recettes et les Dépenses du Budget s'appelle *Exercice*.

Chaque exercice commence le 1er janvier et finit le 31 décembre ; toutefois, il est accordé jusqu'au 31 mars de l'année suivante pour les paiements, mais pour les paiements seulement ; passé le 31 décembre, aucune dépense de cet exercice ne peut plus être faite, et le Budget est forclos.

b. — La *Gestion*, qu'il ne faut pas confondre avec l'exercice, est l'ensemble des opérations du Receveur municipal s'appliquant à toutes les Recettes et les Dépenses faites ou soldées par lui du 1er janvier au 31 décembre.

c. — Le *mandat de paiement* est l'ordre écrit donné par le maire ou par l'adjoint le remplaçant, au Receveur municipal, de payer, à une personne dénommée et qualifiée, une somme fixée pour un service, une fourniture, un travail fait.

Dans la pratique, il y a plusieurs observations à faire :

1° Les imprimés pour mandats portant en marge les mots *Exercice* et *Gestion*, on devra toujours, pour répondre convenablement aux indications qu'ils comportent, mettre, en regard du premier, l'année du budget sur lequel on opère, et, en face du second, celle de l'année où l'on est.

2° Des crédits spéciaux pouvant s'ouvrir dans le cours d'un exercice en dehors des prévisions budgétaires, il importe, dans les cas de cette espèce, de produire, à l'appui du mandat, une copie, approuvée par le Préfet, de la délibération du Conseil municipal votant ce crédit.

3° L'ouverture d'un crédit ne donne aucun droit à celui qu'il intéresse ; elle permet seulement de le désintéresser de sa créance, à la charge par lui d'en justifier, au moyen des pièces exigées, suivant la nature de la dépense. (Circul. Intérieur du 25 mai 1852.)

4° Le mandat, dans son libellé, indiquera l'objet de la créance, la somme à payer et les pièces produites.

Il sera acquitté par la partie prenante, même lorsqu'un acquit aura été donné sur une pièce fournie à l'appui ; mais, dans ce cas, la quittance n'a lieu que pour ordre et par duplicata, sans timbre.

Un acquit par procuration n'est valable qu'autant que les pouvoirs sont établis par acte authentique ou notarié.

Le mandat, qui contient dans sa partie imprimée ou manuscrite des ratures ou surcharges non approuvées, est irrégulier et peut être refusé par le Receveur municipal.

5° Bien qu'un exercice ne soit clos qu'au 31 mars, les mandats de paiement doivent être présentés à la Caisse municipale et, pour raison de comptabilité, au plus tard le 15 de ce mois. Passé cette date, le Receveur pourrait en ajourner la solde jusqu'à l'approbation du budget additionnel, ce qui occasionnerait un retard de trois ou quatre mois.

Timbre-quittance. — D'après l'article 631 de l'Instruction générale du ministère des finances, pour les dépenses payées en vertu de mandats des Préfets sur les divers fonds de cotisations (les frais de timbre des quittances n'étant pas à la charge des créanciers), les sommes nécessaires au paiement de ces frais doivent être versées par les communes au compte des cotisations. Elles sont centralisées à la subdivision de ce compte relative aux frais de timbre à la charge des communes et établissements publics. (Circulaire du ministre de l'Instruction publique du 21 août 1876.)

BUDGET EXPLIQUÉ

Population 6000 habitants [1]

TITRE Ier

RECETTES

CHAPITRE Ier

RECETTES ORDINAIRES

PRINCIPAL DES CONTRIBUTIONS

Contribution foncière..................	30,850 fr.
— personnelle et mobilière...	15,025
— portes et fenêtres........	9,780
Patentes	10,540
Total...........	66,195

On entend généralement par *Recettes ordinaires* celles
qui se représentent chaque année, s'appuyant soit sur

1. Dénombrement de la population. — Parmi les dépenses obligatoires des communes, sont compris les frais du dénombrement
(art. 30 de la loi du 18 juillet 1837). Dans cette dépense entrent
non-seulement les fournitures d'imprimés, mais encore les indemnités accordées aux délégués municipaux, qui sont le plus souvent les
secrétaires des maires. Ce service extraordinaire est rétribué en dehors du traitement annuel (Circul. Intérieur du 4 mars 1851 et du
14 mars 1856).

Dans quelle proportion cette indemnité doit-elle être fixée? Il n'y
a pas de règle précise ; mais des recherches et des calculs faits per-
mettent d'indiquer la quotité de 15 centimes par habitant, comme
satisfaisant à la justice à l'égard de la commune et des recenseurs.

des lois existantes, soit sur des règlements locaux, soit sur des titres de rentes et autres appartenant aux communes, etc.

1. — 5 centimes additionnels............ 2,293 fr. 75

Toute contribution directe s'impose par centimes. Étant donné le principal de contribution, c'est-à-dire la valeur sur laquelle se base l'impôt, on multiplie ce principal par le nombre de centimes autorisés, le produit est la ressource créée. Dans l'espèce, l'opération pratique est : $30,850 + 15,025 \times 0^f 05 = 2,293^f 75$.

Ce sont les lois du 11 frimaire an VII et 15 mai 1818 qui attribuent aux communes 5 centimes par franc du principal des deux contributions : 1° Foncier ; 2° Personnelle et mobilière. L'imposition n'a pas lieu si la commune a déclaré que cette ressource lui était inutile.

Les centimes en question tirent leur dénomination d'*additionnels* de cette circonstance qu'ils viennent *s'ajouter* à d'autres centimes déjà imposés sur la même matière pour le compte de l'État et du département.

2. — Attributions sur les patentes........ 843 fr. 20

Les attributions sur patentes se disent de la portion revenant à la commune dans les centimes additionnels dont sont frappés le *droit fixe* et le *droit proportionnel*[1] de toutes les patentes de la commune. Ces attributions sont fixées par l'art. 32 de la loi du 23 avril 1844 à 8 centimes par franc du principal des patentes, opération : $10,540 \times 0^f 08 = 843,20$.

1. Voir la note au mot *Emprunt*.

3. — **Attributions sur le produit des permis de chasse**............................. 300 fr.

L'art. 5 de la loi du 3 mai 1844 fixe à 10 fr. par permis de chasse la part communale. Le droit à la ressource acquise appartient à la commune dans laquelle le demandeur a sa résidence ou son domicile. (Décret du 13 avril 1861.)

4. — **Attributions sur les amendes**.......... 10 fr.

Une partie du produit des amendes prononcées pour contraventions relatives à la police des marchés, aux poids et mesures, à la salubrité et sûreté, à la police du roulage, etc., est attribuée aux communes sur lesquelles la contravention ou le délit a été constaté. (Ordonnance du 30 décembre 1823, art. 3; loi du 3 mai 1844, art. 10 et 19; décret du 16 décembre 1811, art. 115; loi du 27 mars 1851, art. 8; loi du 30 mai 1851, art. 9 et 28; ordonnance du 9 décembre 1814, art. 84.)

La somme à porter doit être essentiellement faible par rapport à celle du compte précédent, le produit des amendes étant fort incertain.

5. — **Attributions sur la taxe des chevaux et voitures**.............................. 5 fr.

La part de la commune est fixée au 20ᵉ du produit total, par la loi du 23 juillet 1872.

6. — **Droit d'octroi** (produit brut)........... 12,000 fr.

La recette prévue doit être en rapport avec celle de l'année précédente, mais toujours moindre, excepté dans le cas où une augmentation dans les droits d'entrée ne laisse aucun doute sur l'élévation du produit.

7. — Droits de location de places aux halles, foires et marchés...................... 1800 fr.

Si les droits de location de places sont cédés moyennant une redevance annuelle fixe, le produit figurera aux recettes ; s'ils sont perçus en *simple régie*, c'est-à-dire au nom de la ville ou de la commune par un employé municipal, les droits de l'année précédente serviront de base. (Décret du 25 mars 1852 et la circulaire du 5 mai suivant).

8. Droits de pesage, mesurage, jaugeage.... 40 fr.

En vertu d'un arrêté du 7 brumaire an IX et la loi du 29 floréal an X les villes peuvent établir des bureaux de pesage, mesurage et jaugeage publics où les commerçants ont le droit de se faire rendre compte du poids ou de la quantité des marchandises achetées ou vendues, moyennant une rétribution fixée dans un tarif approuvé par le préfet du département en vertu du décret du 25 mars 1852.

9. — Maisons et usines communales. (Prix de ferme)........................ 1200 fr.

La somme à inscrire est le montant d'un ou de plusieurs baux en cours.

10. — Bien ruraux communaux. (Prix de ferme)........................ 2200 fr.

Cette somme résulte d'un bail authentique.

11. — Coupes ordinaires de bois............ 150 fr.

La vente doit être faite par adjudication régulière en présence d'un maire, d'un délégué du conseil municipal et du receveur formant commission.

12. — Taxes affouagères et de pâturage[1] ... 100 fr.

Revenu basé sur celui de l'année précédente.

13. — Rentes sur l'État .... 1250 fr.

Sans changement d'une année à l'autre tant que le titre reste le même.

14. — Rentes sur particuliers et intérêts de capitaux placés .... 75 fr.

Il y a eu remboursement, et la rente de 75 fr. est éteinte.

15. — Produits des expéditions des actes de l'état civil et des actes administratifs .... 25 fr.

Cette nature de recettes est tarifiée par le décret du 12 juillet 1807 en ce qui concerne les actes de l'état civil, et par l'art. 37 de la loi du 7 messidor an II en ce qui touche les actes administratifs. Le produit en appartient légalement à la caisse municipale. Dans la pratique, il est généralement laissé au secrétaire dont il constitue, en partie, le modeste éventuel.

16. — Produits des concessions dans les cimetières .... 250 fr.

Ce produit est très incertain ; il importe donc de porter un chiffre relativement faible, à moins qu'un

---

1. L'affouage est un droit accordé à chaque habitant, de prendre dans les forêts appartenant à la commune le bois nécessaire au chauffage de sa maison. L'affouage est réparti par feux et non par tête, à moins de titre ou usage contraire. Le conseil municipal règle la répartition entre les habitants et fixe la somme des affouages. La délivrance de ces derniers est faite par l'administration forestière. (Code forestier, art. 103, 105 et art. 17 de la loi 18 juillet 1837).

long usage ne permette d'établir une moyenne approximative de recettes, auquel cas il importera encore de ne porter qu'un chiffre inférieur.

17. — Intérêts de fonds placés au Trésor.... 50 fr.

Les ressources disponibles ou sans emploi appartenant aux communes sont, par les soins du receveur municipal, placées au trésor public ou caisse de l'Etat au compte courant de la commune et portent intérêt. Cet intérêt, au taux de 3 0/0, déduction faite des frais, fait l'objet du présent article.

18. — Taxe municipale sur les chiens....... 1500 fr.

Le produit de la taxe municipale sur les chiens appartient tout entier à la commune : de là la dénomination de *taxe municipale*. La matière est régie par la loi du 2 mai 1855 et les décrets du 4 août 1855 et 3 août 1861.

19. — Rétribution scolaire des filles......... 2500 fr.

Cette somme est le reste obtenu après avoir fait du montant des rôles de l'exercice précédent déduction des *non-valeurs* ou rétribution impayée par les familles et de la subvention ou partie de la subvention nécessaire pour parfaire le traitement éventuel déterminé par le § 3e de l'art. 10 de la loi du 10 avril 1867.

20. — Rétribution scolaire de l'asile......... 350 fr.

Les communes font face aux dépenses de leurs salles d'asiles publiques au moyen de la rétribution, à l'aide de leurs ressources et sur l'excédant des centimes spéciaux affectés à l'intruction primaire ou à défaut au moyen d'une imposition spécialement autorisée à cet effet (art. 34 du décret du 21 mars 1855). Le traitement fixe ne peut être inférieur à 250 fr. pour les directeurs et 150 fr. pour les sous-directeurs (art. 32 du même décret). Conséquemment ces dépenses ne donnent pas lieu à subvention comme pour les écoles.

21. — Frais de perception sur centimes communaux........................ 415 fr.

L'art. 5 de la loi du 20 juillet 1837 fixe les frais de perception à 3 centimes par franc de tous les centimes additionnels à recouvrer pour le compte de la commune.

22 — 1° Pour insuffisance de revenus..... 1956 fr. 25

Le paragraphe 1er de l'art. 22 contient le dernier nombre à inscrire de tout budget en formation. En effet, on conçoit que pour l'obtenir il faut nécessairement avoir fixé les dépenses d'une part, les recettes ordinaires de l'autre et comparé les deux résultats. Ainsi, les nombres des articles 1 à 88 (dépenses) ayant pour somme 51,595f 75, et ceux des articles 1 à 30 (Recettes) moins l'art. 22 donnent 49,639f 50 ; la différence 1,956f 25 est le nombre à inscrire à l'art. 22.

Les communes, cela doit rester entendu, ne peuvent et ne doivent recourir au vote pour insuffisance de revenus qu'après le vote des centimes spéciaux destinés au salaire du garde-champêtre, aux chemins vicinaux et à l'instruction primaire.

Cet article servant à équilibrer le budget, la somme portée doit différer suivant les prévisions en recettes et en dépenses.

23 — 2° Pour salaire des gardes-champêtres. 1125 fr.

Le traitement des gardes-champêtres est obligatoire.
(Loi du 18 juillet 1837). Il y est pourvu au moyen d'un
vote de centimes additionnels au principal des quatre
contributions directes (loi du 31 juillet 1867) le nombre de centimes nécessaires doit être expressément
indiqué dans la délibération (circulaire du 23 septembre 1867.)

**24. — 3° Pour évaluation en argent des prestations
en nature**...................... 12150 fr.

On doit porter à cet article le montant du rôle des
prestations en nature, établi en vertu de la loi du 21
mai 1836, d'après le tarif adopté par la commune et le
nombre de journées de travail votées par le conseil
municipal.

25. — Centimes pour chemins vicinaux. 3309 fr. 75

La somme à inscrire s'obtient en multipliant le principal des quatre contributions directes par le nombre
de centimes votés, soit ici $66,195 \times 0^f 05 = 3,309^f 95$.

26. — 4° Pour l'Instruction primaire..... 2647 fr. 80

La loi du 15 mars 1850, art. 40, autorise, à défaut de
fondations, dons ou legs et dans le cas d'insuffisance
des revenus ordinaires des communes, le vote de 3
centimes au principal des quatre contributions directes. La loi du 19 juillet 1875 autorise, dans les mêmes
circonstances, le vote d'un 4ᵉ centime. La somme à
inscrire si les 4 centimes sont nécessaires est donc
$66,195 \times 0^f 04 = 2,647\ 80$.

27. — Rétribution scolaire des garçons..... 2850 fr.

Mêmes observations qu'aux articles 19 et 20.

28. — Fondations pour l'instruction des garçons 100 fr.

Rentes annuelles provenant de donation [1].

29. — Subvention pour l'instruction primaire.

Les tableaux ci-après énumèrent les dépenses de l'instruction primaire qui donnent lieu à subvention si les *fondations, dons, et legs*, les *ressources ordinaires* et le produit des 4 *centimes spéciaux* sont insuffisants pour les acquitter.

DÉPENSES

	fr.	c.
1° Traitement fixe..........................	200	»
2° Traitement des instituteurs adjoints.........	1500	»
3° Rétribution scolaire (élèves payants).........	2850	»
4° Rétribution éventuelle (élèves gratuits).......	450	»
5° Complément de traitement pour atteindre le minimum de 900, 1000, 1100 et 1200. (Loi du 19 juillet 1875)...........................	»	»
6° Cours d'adultes dans la proportion du crédit annuel accordé par le ministre (art. 7 de la loi du 10 avril 1867......................	100	»
7° Travaux à l'aiguille dans les écoles mixtes (art. 1er de la même loi)...................	»	»
8ᵈ Loyer des locaux à l'usage de l'instituteur et des élèves (art. 37 et 40 de la loi du 15 mars 1850)................................	700	»
9° Frais d'imprimés pour le recouvrement de la rétribution scolaire.....................	1	75
Total des dépenses.......	5801	75

1. Les fondations en faveur de l'instruction primaire sont rares en France, et cependant la fortune et les sentiments généreux n'y font pas défaut. Ce serait une coutume propre à honorer un peuple

RESSOURCES

	fr.	c.
1º Produit de fondation pour l'entretien de l'école.....	100	»
2º Rétribution scolaire des élèves payants.............	2850	»
3º Prélèvement sur les revenus ordinaires de la commune.................	1527	85
4º Montant des 4 centimes spéciaux........	1323	90
5º Subvention du département et de l'État.............	»	»
Total des recettes..	5801	75

Moitié du produit des 4 cent., l'autre moitié sert à former le traitement de l'institutrice.

Nota. Les recettes ordinaires de la commune sont de.................................... 27,281 95 [1].

Les dépenses obligatoires de............. 15,987 50 [2].

La différence 11,294 45

doit être employée aux dépenses de l'instruction primaire avant de recourir à la subvention.

que celle qui consisterait, pour chaque citoyen aisé, arrivé aux limites de la vie, à laisser quelques francs de rentes à l'école de son village. — L'homme en effet n'appartient pas au présent seulement, il bénéficie du passé, et il a pour tâche de préparer l'avenir. Ne pas dire : après moi le déluge ; mais se préoccuper, ne fut-ce que par l'inspiration d'autrui, de ce que sera un jour la patrie, l'humanité, et assurer à ceux qui les représenteront alors, les moyens de remplir plus facilement et mieux leur tâche, c'est un soin digne des nobles cœurs. Le prêtre, le médecin, le notaire, le magistrat municipal quelquefois, conduits qu'ils sont par les fonctions de leur ministère au chevet des malades, feraient donc une œuvre de haute utilité sociale, lorsqu'ils sont consultés, de suggérer à ceux qu'ils assistent, la pensée de comprendre l'instruction nationale dans leurs dernières volontés.

1. Cette somme est formée de toutes les recettes portées de l'art. 1er à l'art. 21 compris.

2. Ce total provient de l'addition des crédits obligatoires, moins les articles 23, 40, 56.

Dépenses pour l'instruction primaire (autre modèle de décompte) :

		fr.
1°	Traitement fixe......................	200
2°	Rétribution scolaire des élèves payants...	540
3°	Rétribution scolaire des élèves gratuits (éventuel)...........................	125
4°	Complément de traitement pour atteindre le minima de 900, 1000, 1100, 1200. (Loi du 19 juillet 1875)...................	135 sur 1000
5°	Cours d'adultes dans la proportion du crédit annuel accordé par le ministre. (Loi du 10 avril 1867, art. 7)...............	»
6°	Travaux à l'aiguille dans les écoles mixtes. (Art. 1er de la même loi)...............	80
7°	Loyer des locaux à l'usage de l'instituteur et des élèves. (Art......................	160
8°	Frais d'imprimés pour le recouvrement de la rétribution scolaire.................	1
	Total des dépenses......	1241

RESSOURCES

1° Dans le cas où les revenus communaux ordinaires sont supérieurs de 100 fr. aux dépenses obligatoires et diminuent d'autant la subvention :

		fr.
1°	Produit de fondation pour l'entretien de l'école..	»
2°	Rétribution scolaire des élèves payants..........	540
3°	Prélèvement sur les revenus ordinaires de la commune.................................	100
4°	Montant des 4 centimes spéciaux...............	201
5°	Subvention du département et de l'État..........	400
	Total des recettes........	1241

2° Dans le cas où les revenus ordinaires sont insuffisants pour payer les dépenses obligatoires :

	fr.
1° Produit de fondation pour l'entretien de l'école..	»
2° Rétribution scolaire des élèves payants...........	540
3° Prélèvement sur les revenus ordinaires de la commune...	»
4° Montant des 4 centimes spéciaux................	201
5° Subvention du département et de l'État..........	500
Total des dépenses........	1241

3° Dans le cas où la commune n'a pas droit à la subvention :

	fr.
1° Produit de fondation pour l'entretien de l'école..	»
2° Rétribution scolaire des élèves payants.........	540
3° Prélèvement sur les revenus ordinaires de la commune...	305
4° Montant des 4 centimes spéciaux................	396
5° Subvention du département et de l'État..........	»
Total des recettes........	1241

30. — Fondations pour l'école des filles. (Voyez à l'art. 28)............................... 100 »

CHAPITRE II

RECETTES EXTRAORDINAIRES

31. — Emprunts..........................	»	»
32. — Subventions......................	676	10
33. — Legs et Donations................	»	»
34. — Centimes extra. p. chem. vicinaux...	1323	90
35. — Impos. temp. p. Rembour. d'emprunt	1654	85
Total des recettes extraord..............	3654	85

Recettes ordinaires........... 51595 75
— extraordinaires...... 3654 85
Total général................ 55250 60

On entend par recettes extraordinaires notamment
celles qui résultent, soit d'un emprunt créé, soit d'une
imposition spéciale établie pour travaux extraordinaires, construction, réparations importantes, acquisitions
etc., se rapportant, par exemple, à maison d'école,
mairie, cimetière, église, marché, rues, places publiques, etc.

Ces sortes de recettes, en tant qu'emprunt et impositions spéciales extraordinaires, sont soumises dans leur
création à des formalités et donnent lieu à des remar-
ques que nous devons exposer ici.

Commençons par l'impôt extraordinaire.

Pour obtenir l'approbation d'un impôt extraordinaire, il faut produire à l'appui de la délibération prise
à ce sujet par le conseil municipal, assisté des plus imposés, les pièces suivantes :

1° Un certificat du maire mentionnant le chiffre officiel de la population de la commune ; le nombre des
membres du conseil en exercice.

Naguère, quand le maire ou l'adjoint étaient pris
en dehors du conseil municipal, la mention de cette
situation était faite dans le certificat.

2° Une copie de la liste des plus imposés de l'année
en cours.

3° Un certificat du maire indiquant que les plus
imposés présents dans la commune ont été convoqués

dans l'ordre de la liste, dix jours à l'avance et en nombre égal à celui des membres du conseil en exercice.

4° Le budget de la commune de l'exercice courant et le chapitre additionnel du même exercice, à moins que ce dernier ne soit pas encore approuvé, auquel cas on produit celui de l'exercice précédent.

Le principal des quatre contributions directes de la commune doit toujours être mis en tête du budget. (Circulaire du 28 juillet 1853.)

5° Un certificat du maire et du Receveur municipal faisant connaître : les impositions communales de toute nature qui grèvent la commune, leur objet, leur durée; les emprunts non remboursés que la commune a été autorisée à contracter; les autres dettes communales et le montant des fonds placés au Trésor;

6° Les pièces justificatives de la dépense pour laquelle l'imposition extraordinaire a été votée.

Il va sans dire que la nature de ces pièces est variable comme la dépense. Mais s'il s'agit de construction neuve ou de réparations, le dossier des pièces à produire comprendra le cahier des charges, le devis, le plan : ces pièces sont établies par l'architecte. S'il s'agit de chemins, les mêmes pièces sont fournies par l'agent-voyer.

Pour l'acquisition d'un immeuble (terrain ou maison), il faut produire en outre :

1° La délibération du Conseil municipal (en double expédition), autorisant le maire à acquérir;

2° Le procès-verbal d'expertise (cette pièce en double : l'une sur timbre à 60 centimes ou 1 franc 20, l'autre sur papier non timbré);

3° La promesse de vente, sur timbre de 60 centimes

ou 1 fr. 20. Si l'immeuble appartient à un mineur, la commune devra remplir les formalités prescrites par les articles 457, 458 et 459 du Code civil, à moins que l'acquisition soit de peu de valeur ; dans ce cas, la garantie d'un tuteur solvable est suffisante ;

4° Le plan détaillé du terrain ou de la maison à acquérir, en double ;

5° Le certificat du conservateur des hypothèques attestant les inscriptions dont l'immeuble peut être grevé ;

6° Le procès-verbal *de commodo et incommodo*, contenant l'avis du commissaire enquêteur. (Ajouter à cette pièce le certificat du maire affirmant que l'enquête a été publiée et affichée au moins huit jours avant son ouverture.) (Circulaire du 20 août 1825.)

7° La délibération du Conseil municipal, en double expédition, approuvant le rapport de l'expert, votant le prix de l'acquisition et donnant son avis sur les observations ou réclamations faites à l'enquête ;

8° Avis du délégué cantonal lorsqu'il s'agit d'une école.

EMPRUNT [1]

Passons à l'emprunt.

Pour pouvoir contracter un emprunt, les pièces à produire sont les mêmes que pour une imposition extraordinaire, mais la délibération doit indiquer : 1° le

---

1. *Manière de déterminer la quote-part de chaque contribuable dans un impôt voté.*

Les centimes votés par une commune sont basés sur le principal ou contingent assigné à chacune d'elle. La part d'impôts due par une personne sera donc facile à connaître lorsque sa quote-part dans le principal aura été déterminée.

Voici pratiquement la manière de trouver ce chiffre indispensable.

1° *Foncier.* — On divise le contingent de la commune en prin-

mode et les époques de remboursement; 2° la manière dont l'emprunt sera fait, c'est-à-dire si l'on s'adressera à une société de crédit comme la Caisse des consignations, le Crédit foncier, ou si l'on aura recours à des particuliers ou à une souscription publique (circulaire du 12 janvier 1856); 3° les ressources que le Conseil

cipal (*) par le revenu imposable de l'année, et l'on multiplie le quotient obtenu par le revenu cadastral porté au nom de la personne dont on veut savoir la part d'impôts. On trouve ainsi le principal afférent à cette personne. Multipliant ce principal par les centimes votés, on trouve la part d'impôts à payer dans le vote fait.

• *Exemple* : Supposons que Gaspard ait un revenu cadastral de 40 fr., que le revenu imposable de la commune soit de 49,436 fr. et le contingent en principal de 5,934 fr. Le principal pour Gaspard sera de 4 fr. 80. Si l'on vote une imposition extraordinaire de 15 centimes par franc au principal, sa part dans cet impôt sera égale au produit de 0 fr. 15 $\times$ 4 fr. 8 ou 0 fr. 72.

2° *Personnelle et mobilière*. — Il faut ici, comme pour le foncier, déterminer le principal de Gaspard; mais il se divise en deux parties : le principal du personnel et le principal du mobilier. Le premier est fixé à 2 fr. 10 par cote; le deuxième est variable et compris avec le premier sur l'état envoyé à chaque mairie. Pour l'isoler, il faut multiplier le nombre de cotes personnelles, indiqué à la matrice générale par 2 fr. 10, et soustraire ce produit du principal assigné à la cote personnelle et mobilière. Ce travail fait, il reste à déterminer la part revenant à Gaspard, d'après son loyer d'habitation. Supposons un contingent en principal de 2,161 fr. avec 328 cotes personnelles et 7,497 fr. de loyers d'habitation. (Ces renseignements sont fournis par la matrice générale). Les cotes personnelles entrent dans le principal, 2,161 fr. pour 2 fr. 10 $\times$ 328 ou 688 fr. 8; il reste pour la cote mobilière 2,161 moins 688 fr. 8 ou 1,472 fr. 20. Si Gaspard est imposé pour un loyer d'habitation de 30 fr., nous trouverons par la règle suivante sa part du principal $\dfrac{1472,2 \times 30}{7497}$ ou 5 fr. 89. Si l'impôt extraordinaire est de 0 fr. 15 par franc, il devra payer pour sa part 0 fr. 15 $\times$ 5 fr. 89 ou 0 fr. 88.

3° *Portes et fenêtres*. — Pour trouver le principal des portes et fenêtres dont on veut trouver la part d'impôt, il faut prendre les 8/10 du tarif de la loi qui leur est applicable, et multiplier ce prin-

(*) Le principal est envoyé tous les ans dans chaque commune, dans un éta appelé mandement et porté en tête du budget. Quant au revenu imposable, le matrices générales déposées aux mairies, le donnent tous les ans. *De plus on peut considérer le principal comme 1/8 environ du revenu imposable.*

municipal propose d'affecter au remboursement, tant du capital que des intérêts.

Un tableau d'amortissement, dressé d'après le modèle ci-après, complète le dossier.

L'exemple est pris sur le présent budget auquel figure

cipal par les centimes votés; le produit donne la somme des impôts à payer.

Supposons une maison à cinq ouvertures avec porte cochère. D'après le tarif pour une population au-dessous de 5,000 habitants, le contingent sera, pour les cinq ouvertures, de 2 fr. 50 et pour la porte cochère de 1 fr. 60 : total 4 fr. 10, dont les 8/10 sont 3 fr. 28, qui, multipliés par 15 centimes votés, donnent 0 fr. 49.

TARIF DES PORTES ET FENÊTRES, *d'après la loi du 21 avril* 1833.

MAISONS	POPULATION					
	de 5000 âmes au plus	de 5001 à 10 000	de 10 001 à 25 000	de 25 001 à 50 000	de 50 001 à 100 000	de 100 001 et plus.
	fr. c.	fr. c.	fr. c.	fr. c.	fr. c.	fr. c.
à 1 ouverture............	0 30	0 40	0 50	0 60	0 80	1 »
2 ouvertures...........	0 45	0 60	0 80	1 »	1 20	1 50
3 —	0 90	1 35	1 80	2 70	3 60	4 50
4 —	1 60	2 20	2 80	4 »	5 20	6 40
5 —	2 50	3 25	4 »	5 50	7 »	8 50
Portes cochères ou de magasin.	1 60	3 50	4 40	11 20	15 »	18 80
Maisons de plus de 5 ouvertures :						
aux 1er, 2e étag. et par chacune.	0 60	0 75	0 90	1 20	1 50	1 80
au 3e étage et au-dessus.....	0 60	0 75	0 75	0 75	0 75	0 75

4° *Patente.* — Le principal est formé du droit fixe et du droit proportionnel réunis (*), droits inscrits sur la feuille d'avertissement du patentable.

Supposons un commerçant dans un village au-dessous de 2,000 habitants, et soumis à un droit fixe de 4 fr. avec un loyer de 200 fr. dont le droit proportionnel au 20e est de 10 fr., son principal sera

(*) On entend par droit fixe la somme déterminée par la loi, suivant la classe du patentable et la population du lieu qu'il habite, et par droit proportionnel le 20e ou le 40e du loyer d'habitation.

la somme de 1654 francs 85 pour remboursement d'emprunt.

TABLEAU D'AMORTISSEMENT *d'un emprunt de 9000 fr. remboursable en sept années, au moyen d'une surimposition de 2 centimes* $^1/_2$ *pendant six ans et 1 centime* $^1/_2$ *pendant un an.*

ANNÉES de l'imposition.	NOMBRE de centimes votés.	PRODUIT de l'imposition.	INTÉRÊTS à payer chaque année.	A COMPTE à payer en amortissement du capital.	CAPITAL restant à rembourser après paiement de chaque annuité.	OBSERVATIONS.
		fr.　c.	fr.　c.	fr.　c.	fr.　c.	
1877	2 $^1/_2$	1654　85	450　»	1204　85	7795　15	
1878	2 $^1/_2$	1654　85	389　75	1265　10	6530　05	
1879	2 $^1/_2$	1654　85	331　50	1323　35	5206　70	
1880	2 $^1/_2$	1654　85	260　30	1394　55	3812　15	
1881	2 $^1/_2$	1654　85	190　60	1464　20	2347　95	
1882	2 $^1/_2$	1654　85	117　40	1537　45	810　50	
1883	1 $^1/_2$	992　90	40　50	810　50		L'annuité présentera au solde un excédant de recette de 141 fr. 95.
		10922　»	1780　05	9000　»		

de 14 fr., lesquels multipliés par 15 centimes donnent la part d'impôts à payer, soit 2 fr. 10. (Voir le tableau ci-après.)

TARIF GÉNÉRAL DES PATENTES, *d'après la population.*

CLASSES.	DROIT FIXE POUR UNE POPULATION								DROIT PROPORTIONNEL.
	de 0 à 1000	de 2000 à 5000	de 5000 à 10 000	de 10 000 à 20 000	de 20 000 à 30 000	de 30 000 à 50 000	de 50 000 à 100 000	au-dessus de 100 000	
	fr.	fr.	fr.	fr.	fr.	fr.	fr.	fr.	
3	18	22	25	30	40	60	80	100	1/20
4	12	18	20	25	30	45	60	75	1/20
5	7	9	12	15	20	30	40	50	1/20
6	4	6	8	10	16	24	32	40	1/20
7	3*	4*	5*	8*	8	12	16	20	1/40
8	2*	3*	4*	5*	6	8	10	12	1/40

NOTA. — Les chiffres suivis d'une étoile sont exempts du droit proportionnel.

OBSERVATIONS GÉNÉRALES

a. — Qu'il s'agisse d'impositions extraordinaires, qu'il s'agisse d'emprunt, on a vu que les plus imposés doivent concourir à la délibération. Il suffit de la présence de l'un deux pour valider l'acte si tous les membres du conseil en exercice sont présents à la séance.

Le conseil et les plus imposés ne font qu'un seul corps délibérant (circulaire du 27 mars 1837) sous la présidence du maire qui a voix prépondérante en cas de partage (art. 19 de la loi du 5 mai 1855).

L'assemblée dont font partie les plus imposés n'a aucun avis à émettre sur la convenance du projet (ce droit est réservé au maire et au conseil municipal) ; elle n'est appelée qu'à reconnaître l'urgence de la dépense au point de vue de l'intérêt général de la population, et l'insuffisance des revenus ordinaires pour y pourvoir. (Circulaire Intérieur du 27 mars 1837).

b. — Le maximum des impositions extraordinaires pour dépenses éventuelles facultatives, ne doit pas dépasser 20 centimes additionnels au principal des 4 contributions directes, à moins de circonstances graves exceptionnelles, et ces impositions ne peuvent durer plus de 12 ans : telle est la règle posée par la circulaire du 15 juin 1855.

Pour établir le chiffre de 20 centimes, on ne doit compter que les centimes inscrits ou à inscrire au Chapitre II des recettes. N'entrent pas en compte toutes les dépenses du Chapitre Ier, telles que les 5 centimes additionnels, les centimes spéciaux pour chemins vicinaux, instruction primaire, salaire des gardes-champêtres etc... (Circulaire du 5 mai 1855).

c. — Les impositions extraordinaires doivent être votées pendant la session de mai et présentées à l'administration supérieure avant le 1er juillet (décret du 28 août 1810) afin que le décret ou l'arrêté autorisant ces impositions puisse être notifié au directeur des contributions directes du département avant le 1er octobre et le vote compris dans les rôles généraux (Circulaire de Finances des 21 juin 1854 et 10 juillet 1855).

La raison de cette règle est qu'à toute autre époque la création de la ressource extraordinaire exigerait la confection d'un rôle spécial ou l'ajournement à l'année suivante.

Mais s'il y a confection de rôle spécial, les frais en sont à la charge de la commune et fixés à 3 centimes par article. Si la commune n'a pas de fonds disponibles pour payer cette dépense et qu'il soit nécessaire de la comprendre dans le dit rôle, les plus imposés doivent être consultés. Dans le cas contraire le conseil municipal vote seul le crédit.

Il est à remarquer que ce rôle n'est pas perçu par douzièmes, comme l'impôt ordinaire, mais par portions égales au nombre de mois qui restent à courir depuis l'émission des avertissements jusqu'à la fin de l'année. (Circulaire du 1er septembre 1846).

Nous ferons remarquer aussi qu'en vertu de l'art. 1er de la loi du 24 juillet 1867, les conseils municipaux peuvent régler les acquisitions d'immeubles, lorsque la dépense totalisée avec celle des autres acquisitions déjà votées dans le même exercice, ne dépasse pas le dixième des revenus ordinaires de la commune.

Par l'art. 3 de la même loi, les conseils municipaux peuvent voter, dans la limite du maximum fixé chaque année par le Conseil général, des contributions extraordinaires n'excédant pas 5 centimes pendant 5 ans, pour appliquer le produit à des dépenses extraordinaires d'utilité communale. Ils peuvent aussi voter 3 centimes extraordinaires exclusivement affectés aux chemins vicinaux ordinaires.

Toutes les délibérations prises en exécution des articles ci-dessus sont soumises aux formalités prescrites par l'art. 17 de la loi du 18 juillet 1837 ; et le maire doit, en les adressant au sous-préfet, produire à l'appui les pièces suivantes : (Ordonnance du 18 décembre 1838).

1º Un certificat du maire attestant que la décision du conseil municipal a été publiée et affichée dans la commune aux endroits accoutumés et que les habitants ont pu présenter leurs observations ou réclamations. (Y mentionner les observations ou réclamations faites.)

2º Un certificat du maire énonçant les acquisitions votées dans le cours du même exercice.

3º Le montant des revenus ordinaires de la commune dans un *état* dressé par le receveur municipal, d'après les trois derniers exercices.

CHAPITRE III

RECETTES SUPPLÉMENTAIRES

(Chapitre additionnel au Budget, en exécution de l'Instruction
du 10 avril 1835.)

	fr.	c.
1º *Excédant de l'exercice* 1878....................	730	60

En fin d'exercice, on établit le compte administratif présentant le détail de toutes les opérations
faites pendant l'exercice clos. Ce compte est suivi
de la balance entre les recettes et les dépenses, et
l'excès des premières sur les secondes, forme un
reliquat inscrit en tête des recettes du chapitre additionnel. Telle est l'origine des 730 fr. 60 ci-dessus. (Voir aux annexes le compte administratif.)

RESTES A RECOUVRER DUDIT EXERCICE.

2º *Maisons et usines communales* (Loyer)..........	300	»
3º *Biens ruraux communaux* (Prix de ferme)......	400	»
4º *Taxe municipale sur les chiens*...............	150	»

Toutes ces recettes sont fournies par la différence
entre les sommes dues et celles touchées au 31
mars, clôture de l'exercice. Le receveur municipal
devra les encaisser pendant le cours de l'exercice
suivant.

RECETTES NON PRÉVUES PAR LE BUDGET EN COURS.

5º *Taxe des chevaux et des voitures*...............	15	»
6º *Droits de location de places*...................	200	»
	1795	60

Le produit des taxes attribuées en tout ou en partie
à une commune ou à une ville est basé à titre provisoire sur les rôles de l'année précédente. De sorte

qu'entre la recette prévue et le montant réel des rôles établis l'année suivante il peut y avoir une différence au profit des recettes.

Dans ce cas le supplément doit être inscrit au chapitre additionnel, ce qui a lieu ici pour la taxe des chevaux et voitures. Quant aux droits de location de places, la somme de 200 fr. portée ci-dessus résulte de la différence entre le bail fini et celui qui commence. Ce dernier, qui a eu lieu après la formation du budget en cours, est supérieur de 200 fr. au précédent et amène un excédant de recette.

———

TITRE II

DÉPENSES

CHAPITRE Ier

DÉPENSES ORDINAIRES

On entend par dépenses ordinaires celles qui ont ou peuvent avoir lieu annuellement.

Ici comme pour les recettes ce sont les chiffres admis par le préfet qui prévalent.

Tout paiement de dépense ordinaire ou extraordinaire se fait sur la présentation au receveur municipal, ou au percepteur en remplissant les fonctions, d'un *mandat* délivré à la partie prenante par le maire ordonnateur, et sur un crédit ouvert au budget ou au chapitre additionnel.

3

Depuis la loi du 23 août 1871 sur le timbre, les traitements et salaires annuels des employés communaux ne sont pas soumis au timbre de 60 centimes, mais au timbre d'acquit (art. 20) lorsque la somme est supérieure à 10 fr., lequel est à la charge de la commune, par application de l'art. 1248 du Code civil et 23 de la loi du 23 août 1871.

1. — Traitement du secrétaire de la mairie. 2000 fr.

Le mandat n'est pas timbré, et le timbre d'acquit, comme nous venons de l'établir, est à la charge de la commune.

2. — Frais du bureau de la mairie......... 150 fr.

Distinguons: 1° si le crédit est égal ou inférieur à 10 fr.; 2° s'il est supérieur à cette somme.

Dans le premier cas, le mandat, qui n'est pas timbré, reçoit comme s'il s'agissait d'une facture, le détail de la fourniture. L'acquit se fait sans timbre.

Dans le second cas, à l'appui d'un mandat, on joint un mémoire détaillé de la fourniture, sur timbre de 60 centimes. L'acquit se donne sur le mémoire, et par duplicata sur le mandat, mais ne nécessite qu'un seul timbre d'acquit, appliqué sur le mémoire.

Nota. — Nous devons placer ici une observation. Chaque année, qu'on nous permette l'image, certains conseils municipaux se tâtent le pouls pour savoir quel traitement ils assureront au secrétaire de leur mairie. Les maires, qui voient chaque jour les affaires de toute sorte auxquelles les secrétaires ont à mettre la main, sont mieux disposés, parce qu'ils ont mieux, par suite, la mesure de l'équitable.

Cependant, il y a une règle à suivre. Elle a été tracée par le décret du 17 germinal an XI, lequel fixe à 50 centimes par an et par habitant la quotité de la double dépense du traitement du secrétaire et des frais du bureau de la mairie. Or, dans la pratique, on reconnaît que 2 centimes suffisent pour faire face aux frais de bureau : c'est donc 48 centimes qui restent pour le traitement.

Jusqu'à ce qu'un autre décret vienne changer ces dispositions, qui sont loin d'être en harmonie avec le travail actuel des mairies, elles demeurent la loi des conseils municipaux, au moins par rapport aux traitements inférieurs. De cette manière, on ne verrait pas, même aux portes de la capitale, des traitements de secrétaires de mairies fixés indûment et sans égard pour l'équité, aux insignifiantes sommes de 60 et 65 francs, comme nous le constatons par des documents que nous avons sous les yeux.

3. — Abonnement au Bulletin des lois..... .. 6 fr.

4. — Abonnement au Bulletin des Communes 4 fr.

5. — Abonnement au Journal des Communes 9 fr.

6. — Abonnement au Bulletin officiel du ministère de l'intérieur........................... 4 fr.

7. — Abonnement au Bulletin annoté des lois. 3 fr.

8. — Abonnement au Journal des instituteurs 10 fr.

9. — Abonnement au Journal des commissaires de police............................. 12 fr.

10. — Frais des registres de l'état-civil.... 240 fr.

11. — Impressions à la charge des communes. 50 fr.

12. — Confection et renouvellement des matrices générales............................ 60 fr.

Les crédits qui précèdent (de 3 à 12) doivent être mandatés chaque année au commencement de janvier, et les mandats, faits au nom du Receveur particulier des Finances et remis aux mains du Receveur municipal. Ces crédits font partie des cotisations municipales, c'est-à-dire des fonds centralisés à la caisse du Trésorier-Payeur-Général et les sommes sont payées aux intéressés en vertu d'un mandat délivré par le Préfet et accompagné de pièces justificatives exigées. (Les sommes supérieures à 10 fr. donnent lieu à une quittance à souches timbrée à 0ᶠ 25 et sont dispensées du timbre à 10 c.)

13. — Timbres des comptes et registres de la comptabilité communale .... 20 fr.

Un mémoire accompagne le mandat. Il doit être dressé sur le timbre et contenir le détail de tous les timbres dont il fait provision. Timbre de 10 centimes pour l'acquit du mémoire. (Voir art. 2 des dépenses).

14. — Timbres des mandats de paiement délivrés par le maire .... 100 fr.

Mêmes formalités qu'à l'article précédent.

15. — Remises du receveur municipal .... 1800 fr.

Le montant de la somme à mandater est fixée dans un décompte établi par le Receveur municipal et certifié par le Receveur particulier (ordonnance des 17 avril et 23 mai 1839 = articles 1035, 1041, 1240 et 1241 de l'Instruction générale. = Circulaire du 30 janvier 1866, § 12. Décret du 15 août 1869). A partir du 1er janvier 1877, les Receveurs municipaux sont soumis à un traitement fixe. (Décret du 27 juin 1876). Le maire délivre les mandats comme pour les autres traitements communaux.

16. — Frais de perception sur les centimes communaux .... 415 fr.

Produire un mandat simple, avec timbre d'acquit au-desssus de 10 fr.

17. — Frais de confection du rôle de la taxe municipale sur les chiens.............. 40 fr.

Mêmes formalités qu'à l'article précédent.

18. — Indemnité aux percepteurs pour la confection de l'état matrice de la taxe municipale sur les chiens...................... 40 fr.

On doit produire à l'appui du mandat timbré à 10 centimes, pour toute somme supérieure à 10 fr. un état dressé par le percepteur, approuvé par le maire, indiquant le nombre d'articles du rôle et la somme due, à raison de 12 centimes par article.

19. — Traitement des appariteurs ou agents de police et du tambour afficheur........ 800 fr.

L'appariteur est un officier de police non assermenté, chargé de surveiller l'exécution des arrêtés municipaux et de rendre compte au commissaire de police ou au maire, à défaut de commissaire, de toutes les contraventions constatées par lui. (Loi des 19-22 juillet 1791).

Le mandat du traitement étant toujours supérieur à 10 fr., l'acquit doit recevoir le timbre de 10 centimes.

20. — Traitement des gardes champêtres.. 1200 fr.

Payable par trimestre ou par mois, sur mandat simple avec timbre d'acquit.

21. — Salaire des gardes forestiers........ 600 fr.

Même règle que ci-dessus, avec cette particularité que le mandat doit être accompagné d'un certificat d'exercice du garde général.

22. — **Frais de perception de l'octroi**....... 3,000 fr.

Ces frais comprennent : 1° les dépenses du personnel ; 2° du matériel ; 3° les dépenses imprévues ; 4° l'indemnité due à la régie pour frais d'exercice.

Dans le premier cas, on doit joindre à l'appui du mandat timbré à 10 centimes, fait au nom du chef, un état nominatif des employés, indiquant leur grade ou emploi, leur traitement. Cet état est émargé par chacun d'eux.

Pour l'indemnité d'exercice, fournir un décompte arrêté de la somme due, et les quittances sur timbre du receveur des contributions indirectes.

Pour les autres dépenses produire les pièces justificatives suivant la nature des dépenses auxquelles elles se rattachent dans la présente nomenclature.

23. — **Traitement et frais de bureau du commissaire de police**................. 1,800 fr.

24. — **Table trentenaire du** *Bulletin annoté des Lois.* .... 40 fr.

Ces deux articles sont soumis au même régime que les articles de 3 à 12.

25. — **Journal de classe pour les Instituteurs**........................... 6 fr. 75

Mandat, au nom des fournisseurs, avec indication dans le libellé de la fourniture.

26. — **Contributions des biens communaux**.. 345 fr.

Les biens communaux sont soumis aux mêmes charges que ceux des particuliers. Toutefois, les biens improductifs de revenus affectés à un service public sont exempts de la contribution foncière et de celle des portes et fenêtres. (Art. 105 de la loi du 3 frimaire an VII, et article 5 de la loi du 4 frimaire de la même année.)

A l'appui du mandat, qui reçoit un timbre de 10 centimes au-dessus de 10 francs, se joignent l'avertissement et la quittance à souche du Percepteur.

27. — Assurance des bâtiments communaux contre l'incendie................... 90 fr.

Le mandat porte un timbre d'acquit au-dessus de 10 francs. On y joint, à l'appui du premier paiement :

1º Copie, sur timbre à 60 centimes et approuvée par le maire, de la police d'assurance ;

2º Copie de la délibération du Conseil municipal statuant sur ladite police. (Art. 1ᵉʳ, § 7 de la loi du 24 juillet 1867.)

Pour les années suivantes, on se contente de rappeler sur le mandat le numéro de la police et l'année du compte où elle est jointe.

28. — Loyer et entretien de la maison commune........................ 300 fr.

LOYER. — Lorsque la maison n'appartient pas à la commune, il y a un bail ou une location verbale. Dans le premier cas, il faut produire, lors du premier paiement et à l'appui du mandat, une copie du bail, sur timbre à 1 fr. 80, certifiée par le maire. Pour les années suivantes, on se borne à indiquer sur le mandat la date, la durée du bail et le compte auquel est jointe l'expédition précédemment fournie.

Dans le second cas, il faut fournir à l'appui du mandat la quittance du Percepteur ou du Receveur de l'enregistrement, constatant que la déclaration verbale a été faite et enregistrée. (Loi du 23 août 1871, § 2.)

Entretien. — L'entretien peut avoir lieu, soit par abonnement, soit par entreprise simple ou de gré à gré, jusqu'à 300 francs.

Quelques explications à ce sujet sont nécessaires.

a. — On entend par *abonnement* le marché par lequel un entrepreneur s'engage, moyennant un prix convenu, à faire toutes les réparations qu'exigent les bâtiments qui font l'objet de l'abonnement.

b. — L'*entreprise simple* est celle qui a lieu moyennant un marché verbal ou écrit passé entre un entrepreneur et la commune pour un travail déterminé.

c. — L'*entreprise par adjudication* est celle qui résulte d'une adjudication faite, en séance publique, par une commission présidée par le Sous-Préfet ou par le Maire.

d. — En outre, on dénomme *travaux en régie* ceux qui sont exécutés sous la direction d'un régisseur, choisi ou accepté par le Maire.

Les pièces et formalités nécessitées par ces différents cas sont les suivantes :

a. — Pour l'*abonnement*, on joint au mandat, sur timbre à 1 fr. 80, la copie, certifiée par le Maire, du marché approuvé par le Préfet ou, à défaut de marché, la délibération du Conseil municipal approuvée par le Préfet, portant dispense du marché.

b. — Pour l'*entreprise simple* par la voie de *marché verbal*, on joint au mandat un mémoire sur timbre de 60 centimes contenant le détail des travaux certifiés par la partie prenante, réglé et approuvé par le Maire. Le mémoire est pourvu du timbre d'acquit.

Pour l'*entreprise simple* par voie de *marché écrit*, l'entrepreneur joint au mandat sa soumission, sur timbre de 60 centimes, enregistrée et acceptée par le Maire.

Dans ce cas, la soumission est l'engagement d'exécuter les travaux qui y sont énumérés pour un prix fixé : elle reçoit le timbre d'acquit.

Cette sorte d'entreprise est désignée aussi sous le nom de *marché à forfait*.

c. — Pour l'*adjudication*, il faut distinguer s'il n'y a qu'un *seul paiement* ou s'il y en a *plusieurs*.

S'il n'y a qu'un seul paiement, les pièces à fournir avec le mandat sont :

1° Une copie de la délibération du Conseil municipal relative aux travaux, ladite délibération dûment approuvée par le Préfet;

2° Une expédition du procès-verbal d'adjudication, approuvée par le Préfet et enregistrée;

Cette expédition se fait sur timbre de 1 fr. 80 et doit présenter au plus 25 lignes à la page et, en moyenne, 20 syllabes à la ligne;

3° Une expédition du devis estimatif, contenant la série de prix;

Cette expédition se fait dans les mêmes conditions que celle du n° 2;

4° Le décompte des travaux, arrêté par l'architecte, sur timbre de 60 centimes;

5° Le procès-verbal de réception définitive des travaux, sur timbre de 60 centimes;

6° Le mémoire général certifié par l'entrepreneur, réglé par l'architecte, visé par le Maire, sur timbre de 60 centimes et pourvu du timbre d'acquit.

Nota. — Les minutes des pièces des n°° 2 et 3 peuvent

3.

être dressées sur timbre de 0 fr. 60, si ce papier suffit. Dans le cas contraire, c'est du papier de 1 fr. 20 qu'il faut employer.

S'il y a plusieurs paiements, les pièces à joindre au mandat se produisent ainsi :

a. — *Au premier acompte :*

1° Une copie de la délibération du Conseil municipal constatant les travaux, ladite délibération dûment approuvée par le Préfet;

2° Une copie du procès-verbal d'adjudication, faisant mention de l'enregistrement et de l'approbation du Préfet;

3° Un extrait du cahier des charges, mais seulement pour ce qui regarde le montant du cautionnement et les conditions de paiement. (Circul. Finances du 27 mars 1875, § 2.)

Toutes ces pièces sont sur papier libre.

4° Un certificat de l'architecte, visé par le Maire, portant estimation des travaux faits et constatant la somme à payer.

Cette pièce est sur timbre de 60 centimes et le mandat doit recevoir le timbre d'acquit.

b. — *Au deuxième acompte :*

Sur timbre de 60 centimes, un certificat de l'architecte indiquant en chiffres, avec l'avancement des travaux, l'acompte déjà reçu et la somme nouvelle à payer.

Le mandat reçoit le timbre d'acquit.

Nota. — Les acomptes doivent être inférieurs à la valeur des travaux faits, et n'en peuvent dépasser les 5/6.

c. — *Au paiement de solde :*

1° Des expéditions du procès-verbal d'adjudication, du cahier des charges, du devis estimatif contenant la série de prix (ces trois pièces sur timbre de 1 fr. 80.)

2° Le décompte arrêté des travaux, rappelant tous les acomptes payés, sur timbre de 60 centimes.

3° Le procès-verbal de réception définitive, même timbre.

4° Le mémoire général des travaux exécutés, certifié par l'entrepreneur, réglé par l'architecte, visé et approuvé par le Maire, sur timbre de 60 centimes ou de 1 fr. 20, avec timbre d'acquit. (Instructions générales sur la comptabilité, art. 993 à 1014 et 1020 à 1022.)

29. — Chauffage de la mairie .... 150 fr.

Mémoire du fournisseur contenant détail du combustible et indication des prix, certifié par la partie prenante, visé et approuvé du Maire, sur timbre de 60 centimes, avec timbre d'acquit.

30. — Salaire du monteur de l'horloge ...... 40 fr.

Mandat non timbré, mais timbre d'acquit.

31. — Entretien de l'horloge .... 20 fr.

32. — Entretien des halles et marchés ..... 400 fr.

33. — Entretien des aqueducs, lavoirs, fontaines, puits et mares .... 750 fr.

34. — Entretien des rues et pavés .... 200 fr.

35. — Entretien des promenades publiques. 500 fr.

36. — Entretien des pompes à incendie et accessoires .... 200 fr.

Voir l'article 29 au mot *Entretien*.

Nota. — Les mémoires et factures doivent être établis.

par les fournisseurs, indiquer leur domicile, l'époque et la nature des livraisons ; être totalisés en chiffres et en toutes lettres, datés, certifiés et signés.

Il doit y avoir identité entre la personne désignée et celle qui signe. L'acquit par procuration ne peut être admis qu'en vertu d'un acte authentique ou notarié. Si déjà cet acte a été fourni, il suffit d'en faire mention et de rappeler la date et le numéro du mandat auquel il est joint.

Nous ferons au sujet de cette série d'articles et du *nota* qui précède une recommandation, bonne d'ailleurs pour tous les cas ayant avec ceux-ci l'analogie de l'espèce :

Surtout, pas de mémoires collectifs réunissant les factures de plusieurs. Alors même que le soupçon ne planerait pas sur de tels actes qui ont pour fin d'épargner le timbre, ils constituent autant de faux matériels qui portent atteinte à l'intégrité morale et qui doivent répugner. D'ailleurs, la loi sévit contre les coupables, et tel s'est trouvé exposé à perdre sa position qui n'a fait autre chose que de prêter sa plume à un écrit de ce genre.

37. — Visite des fours et cheminées........ 20 fr.
Voir article 1er.

38. — Dépense de l'éclairage............... 440 fr.

39. — Enlèvement des boues............... 100 fr.
Voir l'article 28.

40. — Entretien des chemins vicinaux (cent. et prest.)........................ 15,459 fr. 75

(Voir article 28 pour les pièces justificatives de la dépense.)

Il faut observer toutefois que l'agent-voyer remplace l'architecte.

1º Quant à l'*abonnement*, qu'il diffère de celui de l'article 28 en ce qu'il consiste dans l'indemnité annuelle, en argent ou en nature, que donne, au profit du chemin ou des chemins détériorés, le particulier ou l'industriel, qui cause habituellement un dommage exceptionnel aux voies vicinales ; que cet abonnement est réglé entre le maire (l'agent-voyer entendu) et l'intéressé, et soumis à l'approbation du Conseil municipal, dont la délibération, accompagnée du projet d'abonnement, est transmise au Préfet, qui statue en conseil de préfecture ; que les abonnements concernant la vicinalité ne sont renouvelés que tous les trois ans, à moins que l'exploitation ne change de nature pendant ce laps de temps. (Circulaire du 21 juillet 1854.)

2º Quant aux *travaux en régie*, que l'état nominatif des ouvriers dressé par l'agent-voyer et dans la forme indiquée en l'article 29, ne peut contenir que les noms des ouvriers habitant la commune débitrice ; que si la partie prenante réside dans une autre localité, un mandat individuel doit être délivré à chaque ouvrier. (Circul. des Finances du 12 mai 1875 [1].)

41. — **Frais de confection du rôle de prestations**.., 72 fr.

Récépissé du Receveur des Finances, comme il est dit à l'article 50.

42. — **Salaire des cantonniers** (voirie urbaine). 700 fr.

Voir article 2.

1. **Voir** pour ce qui est relatif à l'*ouverture*, au *redressement* et à l'*élargissement* des chemins vicinaux, la circulaire ministérielle du 16 juin 1877, reproduite dans les annexes de cet ouvrage.

43. — **Salaire des cantonniers** (chemins vicinaux). 500 fr.

Comme au n° 1, s'il y a une nomination régulière avec traitement fixe annuel ; plus un certificat de l'agent-voyer. Dans le cas contraire, les cantonniers sont considérés comme journaliers, et le certificat de l'agent-voyer doit être timbré à 0 fr. 60 cent. et recevoir le timbre d'acquit : le mandat est acquitté par duplicata.

44. — **Entretien des bâtiments communaux** (couverture) . . . . 250 fr.

45. — **Loyer et entretien du corps de garde.** 50 fr.

(Voir art. 28, pour ces deux articles).

46. — **Chauffage et éclairage du corps de garde.** 35 fr.

Mémoire du fournisseur, sur timbre de 0 fr. 60 cent., avec timbre d'acquit, au-dessus de 10 fr.

47. — **Entretien des caisses et armes** . . . . 50 fr.

48. — **Frais de registres, papiers, contrôles, billets de garde, etc.** . . . . 15 fr.

Ces deux articles sont réglés comme l'art. 46.

49. — **Solde des tambours des sapeurs-pompiers** . . . . 60 fr.

Timbre d'acquit, au-dessus de 10 fr. (Comme art. 1er).

50. — **Pensions d'aliénés à la charge de la commune** . . . . 150 fr.

Récépissé du Receveur des Finances sur timbre de 0 fr. 25 cent. ; mandat sans timbre d'acquit, au-dessus de 10 fr.

Ces fonds sont versés au compte des produits éventuels départementaux. (Circulaire du 31 janvier 1872).

51. — **Contingent de la commune dans la dépense des enfants trouvés**................ 70 fr.

Même justification que pour l'art. 50 (même circulaire).

52. — **Subventions aux bureaux de bienfaisance**........................... 300 fr.

Ces fonds sont ordonnancés par douzième, de mois en mois, au nom du Receveur muninipal, lequel délivre, à chaque paiement, une quittance à souche, timbrée à 0 fr. 25 cent. seulement. (Art. 4 de la loi du 8 juillet 1865 et art. 2 de la loi du 31 août 1871).

53. — **Subventions aux ateliers de charité**.. 400 fr.

Etat de journées, exempt de timbre si les indigents y sont seuls employés, sur timbre de 0 fr. 60 cent. dans le cas contraire.

54. — **Traitement de malades et incurables indigents dans les hospices**......... 1000 fr.

Etat, sur papier libre, indiquant la date de l'entrée et celle de la sortie du malade ou de l'infirme, le nombre et le prix des journées, enfin la somme due à l'établissement. Le mandat reçoit le timbre d'acquit, au-dessus de 10 fr.

55. — **Traitement au médecin pour constater les décès**........................... 200 fr.

(Voir art. 1er).

56. — **Traitement des instituteurs, y compris la rétribution scolaire**................ 4400 fr.

57. — **Traitement des institutrices, y compris la rétribution scolaire**................ 3400 fr.

D'après la loi du 19 juillet 1875, toutes les ressources

d'origines diverses affectées au service de l'Instruction primaire sont versées à la caisse du Trésorier-payeur général, sous le titre de *cotisations municipales* et forment le contingent de chaque commune, lequel est fixé provisoirement par arrêté du Préfet, et basé sur les ressources de ce service pendant l'année précédente. La commune doit le verser aux époques suivantes, savoir : 1/4 dans la 1re quinzaine de janvier ; 1/4 dans la 1re quinzaine d'avril ; 1/4 dans la 1re quinzaine de juillet ; 2/12 au commencement d'octobre et le dernier douzième dans les 10 premiers jours de décembre.

Ce traitement est payé par douzième, en vertu de mandats délivrés par le Préfet. Le dernier mandat comprend le solde de l'année.

58. — **Traitement de la directrice de la salle d'asile**........................... 1200 fr.

Mandat avec timbre d'acquit.

59. — **Logement des instituteurs**.......... 700 fr.

60. — **Logement des institutrices**........... » »

61. — **Location des maisons d'école des garçons** » »

62. — **Location des maisons d'école des filles**. 200 fr.

63. — **Entretien des maisons d'école**....... 300 fr.

(Voir art. 28 pour les articles 59 à 63.)

64. — **Supplément de traitement de l'instituteur**............................. 150 fr.

65. — **Supplément de traitement de l'institutrice**............................ 150 fr.

Ces deux sommes sont encaissées et payées comme il est dit articles 56 et 57. Elles sont soumises à la retenue et comptent pour la retraite.

66. — **Prix, achat de livres, etc**............ 400 fr.

Voir le nota des articles 31 et 36.

67. — **Timbres des mandats des subventions.** 2 fr.

68. — **Imprimés pour le recouvrement de la rétribution scolaire**................... 1 fr. 75

Voir ce qui est dit au sujet des articles 3 et 12.

69. — **Chauffage des salles de classes**....... 180 fr.

Voir à art. 46.

70. — **Entretien du mobilier des classes**.... 300 fr.

Voir aux articles 28 ou 46, suivant le cas.

71. — **Fournitures de classes aux élèves indigents**.......................... 250 fr.

Mémoire du fournisseur ou de l'entrepreneur, sur
timbre de 0 fr. 60 cent., avec timbre d'acquit.

72. — **Indemnité pour cours d'adultes**..... 400 fr.

Mandat avec timbre d'acquit, au-dessus de 10 fr.

73. — **Dictionnaire des formules**............ » »

74. — **Dictionnaire municipal**............... 11 fr.

75. — **Traité de l'administration financière des communes**............................ 15 fr.

76. — **Annuaire du département**.......... 4 fr. 50

Comme à l'art. 71 pour les articles 73 à 76.

77. — **Logement du ministre du culte**..... 300 fr.

Voir à l'art. 28 ou 46, suivant le cas.

78. — **Traitement des vicaires** .... 200 fr.

79. — **Supplément de traitement au desservant.** 300 fr.

Voir à l'art. 1er pour ces deux articles.

80. — Loyer du presbytère.... .... » »

81. — Entretien des églises et presbytères. 800 fr.

Voir à l'art. 28 pour ces deux articles.

82. — Subvention à la fabrique............. 25 fr.

Voir à l'art. 52.

83. — Entretien des cimetières............. 150 fr.

Voir à l'art. 28 ou 46, suivant le cas.

84. — Indemnité aux sapeurs-pompiers....... » »

Au mandat, avec timbre d'acquit, et fait au nom du chef de la compagnie, s'ajoutent :

1° Un certificat d'assistance aux manœuvres;

2° Un état nominatif portant, en regard du nom, l'indemnité allouée à chaque pompier, et l'émargement.

85. — Pensions des sapeurs-pompiers municipaux .... » »

Mandat avec timbre d'acquit, plus un certificat de vie délivré par le maire.

86. — Fêtes publiques .... 1000 fr.

Voir à l'art. 71.

87. — Dépenses imprévues .... 1500 fr.

On produit à l'appui du mandat. L'autorisation du Préfet ou du Sous-Préfet, conformément à l'art. 37 de la loi du 18 juillet 1837.

Les autres justifications varient selon la nature de la dépense à laquelles elles se rattachent.

Nota. — Ces fonds ne peuvent servir à payer les dé-

penses d'un autre exercice, non plus que les dépenses rejetées du budget.

Total des dépenses ordinaires. 51.595 fr. 75.

CHAPITRE II

DÉPENSES EXTRAORDINAIRES

On entend par dépenses extraordinaires celles qui
ont pour caractère de ne se présenter que circonstan-
tiellement. Elles ne se représentent pas chaque année,
mais peuvent se répartir entre plusieurs années. Elles
ont par exemple pour objet la construction d'une maison d'école, l'acquisition d'un terrain, le pavage d'une
rue, l'établissement d'une mare, l'achat d'une pompe à
incendie, etc. etc.

88. — Remboursement d'emprunt...... 1254 fr. 85

S'il y a des obligations, le remboursement a lieu sur
le vu : 1° des obligations, timbrées à 10 centimes et
quittancées ; 2° du récépissé de la caisse des consignations si l'emprunt a été fait à cette caisse ; 3° de la copie
timbrée des actes qui ont réglé les conditions de l'emprunt.

89. — Intérêts d'emprunt................. 450 fr.

Les coupons au porteur d'obligations communales
sont passibles du timbre à 10 centimes lorsque, réunies
sur le même bordereau, le total est supérieur à 10 fr.
Faute de bordereau, il est dû 10 centimes par chaque
coupon au-dessus de 10 fr. (Circulaire du 14 avril
1872).

90. — Construction et travaux neufs [1] .... » »

Voir l'art. 28, dans les parties qui ont du rapport avec le présent article.

91. — Acquisition ou échange d'immeuble... » »

Il y a plusieurs cas à distinguer :

A. — *Lorsque l'acquisition ou l'échange ont lieu par consentement volontaire d'un propriétaire majeur et sont faits dès lors d'après le droit commun.*

Les pièces à produire à l'appui du mandat, timbré à 10 centimes, sont :

1° La délibération du Conseil municipal, si toutes les acquisitions votées pendant le même exercice ne forment pas un total supérieur au dixième des revenus de la commune, ou l'arrêté approbatif du Préfet dans le cas contraire (art. 1er § 1er de la loi du 24 juillet 1867).

2° Pour une justification provisoire, copie certifiée du contrat, non timbrée.

Pour compte final, la même copie sur timbre à 1 fr. 80 cent.

3° Certificat du conservateur constatant la transcription au bureau des hypothèques ainsi que la non existence d'inscription, ou la radiation de celles qui existaient à l'expiration du délai de quarante-cinq jours après la transcription. (Loi du 23 mars 1855).

Ce certificat doit énoncer qu'il n'y a pas d'inscription

---

1. L'inscription d'une somme donnée pour exemple ne devant fournir aucun éclaircissement utile dans les articles 90, 91 et 92, nous nous sommes dispensés de toute indication à cet égard.

au profit du Crédit Foncier (art. 47 du décret du 28 février 1852).

Nota. — **a.** *Lorsque l'acquisition est inférieure à 500 francs,* le maire peut être autorisé au paiement du prix entre les mains du vendeur, par une délibération du conseil municipal, approuvée par le préfet (décret du 14 juillet 1866), sans procéder à la purge des hypothèques.

Dans ce cas, il n'y a pas lieu de produire les pièces indiquées sous le n° 3 (circulaire du 30 septembre 1872, § 4), mais on doit fournir une copie ou un extrait sur timbre à 60 centimes de l'état indiquant la situation et la contenance de l'immeuble, les noms et prénoms des vendeurs. Le conservateur mentionne s'il existe ou s'il n'existe pas d'inscriptions. Il lui est dû 1 franc pour chaque inscription (Circulaire Intérieur des 28 octobre 1830 et 30 avril 1842. Ordonnance royale du 18 avril 1842).

b. *Lorsque l'acquisition est supérieure à 500 francs,* il faut établir la purge des hypothèques et produire :

I. Certificat au greffier du tribunal civil, constatant le dépôt et l'affiche du contrat au greffe pendant deux mois.

II. Copie de la signification de ce dépôt au procureur de la République et aux parties désignées en l'article 2194 du Code civil.

III. Journal ou feuilles d'annonces judiciaires dans lequel a été publiée cette signification.

IV. Certificat du conservateur des hypothèques, constatant que dans le délai de deux mois, à partir de l'insertion dans la feuille d'annonce, il n'a été pris aucune inscription sur l'immeuble vendu.

V. S'il y a eu inscription, certificat du conservateur attestant la radiation desdites inscriptions.

(Toutes ces pièces, sauf le journal, sont établies sur timbres à 0 fr. 60 ou 1 fr. 20, et produites en original).

VI. Décompte en principal et intérêts du prix d'acquisition et quittance de l'ayant droit, timbré à 10 centimes.

Observant : 1° que si le prix d'acquisition est versé à la Caisse des consignations, on ne produira ni le certificat de radiation, ni la quittance de l'ayant droit, mais *l'arrêté du maire*, ordonnant la consignation et en indiquant les motifs; 2° que si cette consignation a lieu pour cause d'inscriptions hypothécaires, l'arrêté doit mentionner la date de la délivrance des états d'inscriptions.

Dans tous les cas on doit produire le récépissé de versement fait à la Caisse des consignations.

B. — *Lorsque l'immeuble appartient à des mineurs, des interdits ou des absents.*

Outre les pièces précédemment énumérées, on produira l'expédition du jugement autorisant la vente sur timbre à 1 fr. 80 cent., et justification du remploi si l'acquéreur en est responsable et que le jugement le prescrive.

C. — *Lorsque l'immeuble appartient à des femmes mariées, on doit fournir, outre les pièces comprises sous la lettre A :*

1° *L'acte de mariage ;*

2° *Un extrait du contrat de mariage*, à l'effet de faire connaître le régime adopté par les époux et les dispositions relatives au remploi si le mariage a eu lieu depuis la loi du 10 juillet 1850. Si le mariage est antérieur, un extrait du contrat ou certificat du fonctionnaire qui a passé l'acte de vente, attestant que les époux ont déclaré ne pas avoir de contrat : à moins que la vente n'énonce ce fait, auquel cas la pièce dont il s'agit n'est pas à produire.

3° Acquits timbrés de la femme et du mari. A défaut de celui du mari, autorisation du tribunal.

On fournira en outre, si la vente a lieu en vertu d'un jugement :

1° Expédition dudit jugement sur timbre à 1 fr. 80 cent.

2° Justification du remploi s'il est prescrit.

92. — **Indemnité de terrain**................. »

Pour les formalités à remplir et les justifications à faire, voir l'art. 91, sauf le cas d'expropriation pour cause d'utilité publique, par application de la loi du 3 mai 1845, loi que nous reproduisons dans les annexes tant il nous a paru opportun de la mettre à la disposition et comme sous la main du lecteur.

94. — **Travaux d'achèvement des chemins vicinaux**........................... 2000 fr.

Cette somme représente les ressources inscrites aux recettes extraordinaires du budget sous les noms de subvention et de centimes extraordinaires pour chemins vicinaux et en permet l'emploi. La justification de ces dépenses doit être faite comme il est dit aux art. 40, 91 ou 92 suivant le cas.

Total des dépenses extraordinaires.. 3656 fr. 85

RÉCAPITULATION.

Dépenses ordinaires.......	51.595 75
Dépenses extraordinaires..	3.654 85
Total général..	55.250 60

CHAPITRE III

DÉPENSES SUPPLÉMENTAIRES

DÉPENSES RESTANT A PAYER DE L'EXERCICE CLOS.

	fr.	c.
1° Travaux sur chemins (reliquat des exercices antérieurs................................	250	»
2° Entretien des aqueducs, lavoirs, fontaines, puits et mares..........................	150	»
3° Entretien des promenades publiques.........	50	»

Ces dépenses ont été faites au cours de l'exercice précédent et n'ont pu, pour différentes causes, être payées avant le 31 mars; il faut donc laisser le crédit ouvert pour arriver au solde. Les pièces justificatives à fournir sont celles indiquées aux articles 40, 35, 33 du budget primitif.

CRÉDITS RÉSERVÉS.

4° Remboursement d'emprunt.................	654	85

Pour la justification, voir l'art. 28.

DÉPENSES DE L'EXERCICE EN COURS.

5° Acquisition d'un timbre pour l'horloge.......	200	»
6° Table de bureau pour la mairie.............	70	»

Ces deux dépenses sont justifiées par une facture sur timbre à 0 fr. 60 portant le timbre d'acquit.

7° Réparation au chemin rural n° 4 (1).........	300	»

S'il n'y a pas eu adjudication, mémoire sur timbre à 0 fr. 60 avec timbre d'acquit, accompagné d'une délibération du conseil municipal approuvée par le préfet, autorisant les dépenses avec dispense de devis et d'adjudication : il en est ainsi pour toute dépense au-dessus de 300 francs. S'il y a eu adjudication, voir l'art. 28 pour les pièces à produire.

8° Badigeonnage des écoles...................	120	75

Mémoire sur timbre à 0 f. 60 et timbre d'acquit.

Total des dépenses supplémentaires..	1795	60

1. L'entretien des chemins ruraux ne peut avoir lieu qu'au moyen des recettes ordinaires du budget ou des fonds restés sans emploi, ap-

CONCLUSION

Nous voici arrivés à la fin de notre tâche. Nous n'aurons pas tout dit, quelque soin que nous ayons pris d'être complets, car la matière est sans limites assignables, comme le sont, dans leur diversité, les besoins des communes ; mais nous croyons n'avoir rien omis d'essentiel. D'ailleurs, les cas non prévus ne peuvent que rentrer dans la catégorie de ceux que nous avons prévus et se traiter comme eux, par analogie.

Cette étude des faits budgétaires, dans l'ordre et d'après le système que l'on connaît maintenant, aura pour avantage, tout en initiant sûrement les jeunes secrétaires à la pratique de la comptabilité, d'épargner leur temps et d'aider à la bonne et prompte exécution des affaires.

Elle permettra à MM. les Maires et aux membres des corps municipaux, chacun dans la mesure de ses attributions, de se rendre compte de la manière dont les opérations ont été faites. Elle rendra encore moins nécessaires les communications avec la sous-préfecture pour des éclaircissements à en obtenir, et par voie de conséquence, profitera même aux bureaux, déjà trop

pelés libres. Cette dépense ne serait pas approuvée si elle était comprise dans l'insuffisance de revenu.

4

surchargés, auxquels la correspondance à elle seule prend un temps considérable.

Le pays se relève, perfectionne ses institutions, imprime dans la paix le mouvement et la vie à toute chose. Chaque citoyen, pour correspondre à l'impulsion, doit le tribut de son intelligence comme le travail de ses bras à la patrie : nous lui offrons en commun notre obole.

———

ANNEXES

Les sommes diverses inscrites aux délibérations et comptes suivants se trouvent détaillées au Budget expliqué (Recettes ou Dépenses).

1º GARDE CHAMPÊTRE

DÉLIBÉRATION

DU CONSEIL MUNICIPAL ET DES PLUS IMPOSÉS

de la commune d

POUR LE TRAITEMENT DU GARDE CHAMPÊTRE

L'an mil huit cent soixante-dix-neuf, le

Le Conseil municipal de la commune d   , s'est

réuni sous la présidence du maire ; étaient présents MM.

assistés conformément à l'article 42 de la loi du 18 juillet 1837, des plus forts contribuables ci-après nommés, savoir :

MM.

MM.

membres du Conseil municipal absents [1],

MM.

plus forts contribuables, ne se sont pas présentés à la séance, quoique régulièrement convoqués ;

1. Indiquer s'ils ont ou non fait connaître le motif de leur absence.

Vu le budget proposé pour l'année 1879, duquel il résulte :

Que les recettes ordinaires dudit budget ne s'élèvent qu'à la somme de...................... 27.356 95 [1]

Qu'il a été voté une imposition pour l'instruction primaire qui, avec la subvention accordée à la commune, le produit des legs et donations pour l'instruction primaire, et la rétribution scolaire des garçons, s'élèvent à............................... 5.697 80 [2]

Et les centimes et les prestations pour les chemins vicinaux, montant à....................... 15.459 75 [3]

Et une autre imposition extraordinaire pour couvrir les dépenses ordinaires de................ 1.956 25 [4]

Total...... 50.470 75

Tandis que les crédits proposés pour toutes dépenses annuelles et ordinaires s'élèvent à la somme de. 51.595 75

Et qu'en conséquence, il reste à pourvoir à un déficit de................................... 1.125 »

applicable au traitement du garde champêtre ;

Vu la loi du 31 juillet 1867 ;

Délibère ce qui suit :

Il est voté une imposition extraordinaire de onze cent vingt-cinq francs, représentant 1 centime 8/10 par franc [5] au principal des quatre contributions, pour le traitement du garde champêtre de la commune d   en 1879.

Fait en séance, les jour, mois et an que dessus et ont, les membres présents, signé au registre.

Signé :

Pour extrait conforme :
Le maire de la commune d

1. Total des articles 1 à 22 du budget.
2. Total des articles 26, 27, 28, 29 et 30.
3. Total des articles 24 et 25.
4. Article 22.
5. Pour trouver le centime par franc, il faut diviser la somme votée par le otal du principal des quatre contributions.

4.

2° INSUFFISANCE DE REVENUS

DÉLIBÉRATION

DU CONSEIL MUNICIPAL ET DES PLUS IMPOSÉS

de la commune d

POUR LE VOTE DES IMPOTS EXTRAORDINAIRES NÉCESSAIRES
AU PAIEMENT DES DÉPENSES ORDINAIRES

L'an mil huit cent soixante-dix-neuf, le..........
Le conseil municipal de la commune de..... s'est réuni sous la présidence du maire.
Etaient présents MM.

assistés conformément à l'art. 42 de la loi du 18 juillet 1837 des plus forts contribuables ci-après nommés, savoir :
MM.

Vu le budget proposé pour l'année..... duquel il résulte :

	fr.	c.
Que les recettes ordinaires admises au budget proposé pour..... ne s'élèvent qu'à la somme de......	27.356	95
A laquelle il convient d'ajouter :		
1° L'imposition pour le salaire du garde champêtre, s'élevant à..............................	1.125	»
2° L'imposition pour chemins vicinaux (centimes et prestations)...............................	15.459	75
3° L'imposition pour l'instruction primaire.........	2.047	80
4° La rétribution scolaire des garçons (élèves payants).	2.850	»
5° Le produit des legs et donations pour l'instruction primaire...............................	200	»
6° Subvention du département et de l'État.........	»	»
Total des recettes......	49.639	50
Tandis que les crédits proposés pour toutes les dépenses annuelles ordinaires s'élèvent à la somme de...	51.595	75
En conséquence, il reste à pourvoir à un déficit de...	1.956	25

Vu la loi du 18 juillet 1837 :
Considérant que les dépenses indiquées sont urgentes, et qu'il est indispensable de créer les ressources nécessaires pour les acquitter.
Le conseil et les plus imposés votent un impôt extraordinaire de la somme de mille neuf cent cinquante-six francs vingt-cinq centimes, pour couvrir les dépenses annuelles et ordinaires de l'exercice.....

Compte administratif que présente au Conseil municipal le Maire de la commune de , pour les recettes et les dépenses faites pendant l'exercice 1878.

Titre I. — RECETTES.

Numéros d'ordre.	DÉSIGNATION des CHAPITRES ET ARTICLES.	SOMMES A RECOUVRER DE L'EXERCICE 1878		SOMMES RECOUVRÉES au 31 mars 1879.	SOMMES RÉSERVÉES pour restes à recouvrer reportées sur l'exercice 1879.	OBSERVATIONS.
		d'après le Budget.	Fixation définitive d'après les titres et actes justificatifs.			
	CHAPITRE I. — RECETTES ORDINAIRES.	fr. c.	fr. c.	fr. c.	fr. c.	
1	Cinq centimes additionnels ordinaires...........	2293 75	2293 50	2293 50	»	
2	Attributions sur les patentes...................	843 20	843 20	843 20	»	
3	— sur le produit des permis de chasse....	300 »	300 »	300 »	»	
4	— sur amendes....................	10 »	18 »	18 »	»	
5	Droit de location de place aux halles, foires, marchés ou abattoirs.........................	1800 »	1800 »	1800 »	»	
6	Droits de pesage, mesurage et jaugeage, etc.......	40 »	40 »	40 »	»	
7	Maisons et usines communales (prix de ferme).....	1200 »	1200 »	900 »	300	
8	Biens ruraux communaux (prix de ferme)........	2200 »	2200 »	1800 »	400	
9	Rentes sur l'État.........................	1250 »	1250 »	1250 »	»	
10	Produit des expéditions des actes de l'État civil et des actes administratifs....................	25 »	28 25	28 25	»	
11	Produit de concessions dans les cimetières........	250 »	315 »	315 »	»	
	A reporter........	10211 95	10287 95	9587 95	700 »	

Numéros d'ordre.	DÉSIGNATION des CHAPITRES ET ARTICLES.	SOMMES A RECOUVRER DE L'EXERCICE 1878		SOMMES RECOUVRÉES au 31 mars 1879.	SOMMES RÉSERVÉES pour restes à recouvrer reportées sur l'exercice 1879.	OBSERVATIONS.
		d'après le Budget.	Fixation définitive d'après les titres et actes justificatifs.			
		fr. c.	fr. c.	fr. c.	fr. c.	
	Report........	10211 95	10287 95	9587 95	700 »	
12	Intérêts de fonds placés au Trésor..............	50 »	120 »	120 »	»	
13	Taxe municipale sur les chiens.................	1500 »	1475 »	1400 »	75 »	
14	Rétribution scolaire des écoles de filles..........	2500 »	2600 »	2520 »	80 »	Rôle..... 2604 f. Réduction 4
15	— — de l'asile.................	350 »	350 »	350 »	»	Reste. 2600
16	Frais de perception sur centimes communaux......	415 »	416 »	416 »	»	
17	Droits d'octroi (produit brut).................	12000 »	12450 »	12450 »	»	
18	Coupes ordinaires de bois....................	150 »	175 »	75 »	100 »	
19	Taxe des chevaux et voitures, 1/20e............	7 »	25 »	25 »	»	
	Impositions extraordinaires :					
20	1° pour insuffisance des revenus.............	1956 25	1956 25	1956 25	»	
21	2° pour salaires des gardes champêtres........	1200 »	1200 »	1200 »	»	Rôle..... 12214 f.
22	3° Évaluation en argent des prestations en nature.	12150 »	12075 »	10410 »	1665 »	Réduction 139
23	Centimes pour chemins vicinaux............	3309 75	3310 »	3310 »	»	Reste. 12075
24	4° pour l'instruction primaire...............	2647 80	2647 80	2647 80	»	
25	Rétribution scolaire des garçons..............	2850 »	2850 »	2700 »	150 »	
26	Fondation pour l'instruction des garçons........	100 »	100 »	100 »	»	
27	Subvention pour l'instruction primaire...........	»	»	»	»	
28	Fondation pour l'instruction des filles...........	100 »	100 »	100 »	»	
29	Taxes affouagères et de pâturage..............	100 »	105 »	90 »	15 »	
	A reporter........	51597 75	52243 »	49458 »	2785 »	

Numéros d'ordre.	DÉSIGNATION des CHAPITRES ET ARTICLES.	SOMMES A RECOUVRER DE L'EXERCICE 1878		SOMMES RECOUVRÉES au 31 mars 1879.	SOMMES RÉSERVÉES pour restes à recouvrer reportées sur l'exercice 1879.	OBSERVATIONS.
		d'après le Budget.	Fixation définitive d'après les titres et actes justificatifs.			
		fr. c.	fr. c.	fr. c.	fr. c.	
	Report.........	51597 75	52243 »	49458 »	2785 »	
	CHAPITRE II. — RECETTES EXTRAORDINAIRES.					
30	Impos. extraord. pour remboursement d'emprunt...	1654 85	1654 85	1654 85	»	
31	Subvention pour chemins vicinaux...............	2000 »	2000 »	2000 »	»	
	CHAPITRES ADDITIONNELS.					
32	Reliquat de l'exercice 1877..................	4375 50	4375 50	4375 50	»	
33	Maisons et usines communales (prix de ferme).....	300 »	300 »	300 »	»	
34	Biens ruraux communaux (prix de ferme)........	400 »	400 »	400 »	»	
35	Taxe municipale sur les chiens.................	150 »	150 »	140 »	10 »	
	RECETTES NON PRÉVUES AU BUDGET DE 1878.					
36	Taxe des chevaux et des voitures...............	15 »	15 »	5 »	»	
37	Droits de location de places (différence entre la recette proposée et le prix du nouveau bail)......	200 »	200 »	200 »	»	
	TOTAL DES RECETTES......	60693 10	61338 35	58543 35	2795 »	

Titre II. — DÉPENSES.

Numéros d'ordre.	DÉSIGNATION des CHAPITRES ET ARTICLES.	CRÉDITS OUVERTS		DROITS CONSTATÉS.	PAIEMENTS EFFECTUÉS au 31 mars 1879.	CRÉDITS ou PORTIONS DE CRÉDITS		OBSERVA-TIONS.
		par le Budget primitif.	par le Budget supplémen-taire.			réservés pour restes à payer, à reporter sur l'exercice 1879.	annulés faute d'emploi au 31 décembre 1878.	
	Chapitre I. — Dépenses ordinaires.	fr. c.	fr. c.	fr. c.	fr. c.	fr. c.	fr. c.	
1	Traitement du secrétaire de la mairie.......	2000 »	»	2000 »	2000 »	»	»	
2	Frais de bureau de la mairie..............	150 »	»	135 »	135 »	»	15 »	
3	Abonnement au *Bulletin des Lois*..........	6 »	»	6 »	6 »	»	»	
4	— au *Bulletin des Communes*.....	4 »	»	4 »	4 »	»	»	
5	— au *Journal des Communes*.....	9 »	»	9 »	9 »	»	»	
6	— au *Bulletin de l'Intérieur*......	4 »	»	4 »	4 »	»	»	
7	— à l'*École des Communes*.......	» »	»	» »	» »	»	»	
8	— au *Bulletin annoté des Lois*....	3 »	»	3 »	3 »	»	»	
9	— au *Journ. de l'instr. primaire*..	10 »	»	10 »	10 »	»	»	
10	— au *Journ. des Comm. de police*.	12 »	»	12 »	12 »	»	»	
11	Frais de registres de l'État civil............	240 »	»	240 »	240 »	»	»	
12	Impressions à la charge des communes......	50 »	»	50 »	50 »	»	»	
13	Conf. et renouvel. des matrices générales.....	60 »	1 50	61 50	61 50	»	»	
14	Timbre des Compt. et Reg. de la compt. c^ale..	20 »	»	20 »	20 »	»	»	
15	Timbre des mandats délivrés par le maire....	100 »	»	100 »	100 »	»	»	
16	Remises du receveur municipal.............	1800 »	250 »	1925 »	1700 »	225 »	125 »	
17	Frais de perception sur centimes communaux..	415 »	»	415 »	415 »	»	»	
18	Confection du rôle, taxe des chiens..........	20 »	»	19 50	19 50	»	0 50	
	A *reporter*.....	4903 »	251 50	5014 »	4789 »	225 »	140 50	

Numéros d'ordre.	DÉSIGNATION des CHAPITRES ET ARTICLES.	CRÉDITS OUVERTS		DROITS CONSTATÉS.	PAIEMENTS EFFECTUÉS au 31 mars 1879.	CRÉDITS ou PORTIONS DE CRÉDITS		OBSERVA-TIONS.
		par le Budget primitif.	par le Budget supplémentaire.			réservés pour restes à payer, à reporter sur l'exercice 1879.	annulés faute d'emploi au 31 décembre 1878.	
		fr. c.	fr. c.	fr. c.	fr. c.	fr. c.	fr. c.	
	Report......	4903 »	251 50	5014 »	4789 »	225 »	140 50	
19	Ind. au percept. pour la conf. de l'état matrice de la taxe municipale sur les chiens......	40 »	»	38 80	38 80	»	1 20	
20	Traitement du tambour-afficheur...........	800 »	»	800 »	800 »	»	»	
21	Traitement des gardes champêtres..........	1200 »	»	1200 »	1200 »	»	»	
22	Trait. et frais de bur. du comm. de police....	1800 »	»	1800 »	1800 »	»	»	
23	Salaire des gardes forestiers...............	600 »	»	600 »	600 »	»	»	
24	Frais de perception de l'octroi.............	3000 »	»	3000 »	3000 »	»	»	
25	Table trentenaire du *Bulletin annoté des Lois.*	40 »	»	40 »	40 »	»	»	
26	Contribution des biens communaux..........	345 »	»	340 »	340 »	»	5	
27	Assur. des bâtim. communaux contre l'incendie.	90 »	»	90 »	90 »	»	»	
28	Loyer et entretien de la maison commune.....	300 »	»	300 »	250 »	50	»	
29	Chauffage de la mairie....................	150 »	»	150 »	150 »	»	»	
30	Salaire du monteur de l'horloge.............	40 »	»	40 »	40 »	»	»	
31	Entretien de l'horloge....................	20 »	»	15 »	15 »	»	5	
32	— des lavoirs, fontaines, puits et mares..	750 »	150	800 »	800 »	»	100	
33	— des pavés et des rues....	200 »	»	120 »	100 »	20	80	
34	— des promenades publiques...........	500 »	»	325 »	325 »	»	175	
35	— des pompes à incendie et accessoires.	200 »	r	200 »	200 »	»	»	
36	Visites des fours et cheminées.............	20 »	»	20 »	20 »	»	»	
	A reporter.....	14998 »	401 50	14892 80	14597 80	295 »	506 70	

Numéros d'ordre.	DÉSIGNATION des CHAPITRES ET ARTICLES.	CRÉDITS OUVERTS		DROITS CONSTATÉS.	PAIEMENTS EFFECTUÉS au 31 mars 1879.	CRÉDITS ou PORTIONS DE CRÉDITS		OBSERVATIONS.
		par le Budget primitif.	par le Budget supplémentaire.			réservés pour restes à payer, à reporter sur l'exercice 1879.	annulés faute d'emploi au 31 décembre 1878.	
		fr. c.	fr. c.	fr. c.	fr. c.	fr. c.	fr. c.	
	Report......	14998 »	401 50	14892 80	14597 80	295 »	506 70	
37	Dépenses de l'éclairage..................	440 »	»	440 »	400 »	40 »	»	
38	Enlèvement des boues..................	100 »	»	100 »	100 »	»	»	
39	Entretien des chem. vicinaux (prestat. et cent.).	15459 75	3150 »	18609 75	17420 75	1189 »	»	
40	Frais de confection des rôles des prestat......	72 »	»	71 »	71 »	»	1	
41	Salaire des cantonniers (voirie urbaine)......	700 »	»	700 »	700 »	»	»	
42	— (chemins vicinaux)...	400 »	»	500 »	500 »	»	»	
43	Couverture des bâtiments comm. (abonnement).	250 »	»	250 »	250 »	»	»	
44	Entretien des halles et marchés............	500 »	»	305 »	305 »	»	95 »	
45	Loyer et entretien du corps de garde.......	50 »	»	50 »	50 »	»	»	
46	Chauffage et éclairage du corps de garde.....	35 »	»	35 »	35 »	»	»	
47	Entretien des caisses et des armes..........	50 »	»	50 »	50 »	»	»	
48	Frais de registres, papiers, contrôles, etc.....	15 »	»	15 »	15 »	»	»	
49	Solde du tambour des sapeurs-pompiers.....	60 »	»	60 »	60 »	»	»	
50	Pensions d'aliénés à la charge des communes..	150 »	»	150 »	150 »	»	»	
51	Conting. dans la dépense des enfants assistés..	70 »	»	70 »	70 »	»	»	
52	Subventions aux bureaux de bienfaisance.....	300 »	»	300 »	300 »	»	»	
53	Fonds accordés aux ateliers de charité......	400 »	»	400 »	400 »	»	»	
54	Traitement de malades et incurables indigents dans les hospices....................	1000 »	»	600 »	600 »	»	400 »	
	A reporter.....	35049 75	3551 50	37398 55	36074 55	1524 »	1002 70	

Numéros d'ordre.	DÉSIGNATION des CHAPITRES ET ARTICLES.	CRÉDITS OUVERTS		DROITS CONSTATÉS.	PAIEMENTS EFFECTUÉS au 31 mars 1879.	CRÉDITS ou PORTIONS DE CRÉDITS		OBSERVA- TIONS.
		par le Budget primitif.	par le Budget supplémentaire.			réservés pour restes à payer, à reporter sur l'exercice 1879.	annulés faute d'emploi au 31 décembre 1878.	
		fr. c.	fr. c.	fr. c.	fr. c.	fr. c.	fr. c.	
	Report......	35049 75	3551 50	37598 55	36074 55	1524 »	1002 70	
55	Traitem. au médecin pour constater les décès.	200 »	»	200 »	200 »	»	»	
56	Traitement des instituteurs.............	4400 »	»	4400 »	4400 »	»	»	
57	— des institutrices..............	3400 »	»	3400 »	3400 »	»	»	
58	Logement des instituteurs.............	200 »	»	200 »	200 »	»	»	
59	Location des maisons d'école des filles.......	700 »	»	700 »	700 »	»	»	
60	Entretien des maisons d'école...........	300 »	162 65	450 »	450 »	»	12 65	
61	Supplément de traitement de l'instituteur.....	150 »	»	150 »	150 »	»	»	
62	Prix, achat de livres, etc................	400 »	»	400 »	400 »	»	»	
63	Timbre des mandats de la subvention........	2 »	»	2 »	2 »	»	»	
64	Imprimés pour le recouvr. de la rétrib. scol...	2 50	»	2 50	2 50	»	»	
65	Chauffage des salles de classe.............	180 »	»	180 »	180 »	»	»	
66	Entretien du mobilier des classes..........	500 »	»	360 »	300 »	60	140 »	
67	Fourniture de classe aux élèves indigents.....	250 »	»	250 »	250 »	»	»	
68	Indemnité pour cours d'adultes............	400 »	»	400 »	400 »	»	»	
69	Abonnement à l'Annuaire du département.....	4 50	»	4 50	4 50	»	»	
70	Logement des ministres du culte...........	300 »	»	300 »	300 »	»	»	
71	Suppl. de traitement au desservant.........	300 »	»	300 »	300 »	»	»	
72	Entretien des églises et presbytères.........	800 »	»	690 »	690 »	»	110 »	
73	Subvention à la Fabrique................	25 »	»	25 »	25 »	»	»	
	A reporter.....	47563 75	3714 15	50012 55	48449 55	1584 »	1265 35	

Numéros d'ordre.	DÉSIGNATION des CHAPITRES ET ARTICLES.	CRÉDITS OUVERTS		DROITS CONSTATÉS.	PAIEMENTS EFFECTUÉS au 31 mars 1879.	CRÉDITS ou PORTIONS DE CRÉDITS		OBSERVA-TIONS.
		par le Budget primitif.	par le Budget supplémen-taire.			réservés pour restes à payer, à reporter sur l'exercice 1879.	annulés faute d'emploi au 31 décembre 1878.	
		fr. c.	fr. c.	fr. c.	fr. c.	fr. c.	fr. c.	
	Report.......	47563 75	3714 15	50012 55	48448 55	1584 »	1265 35	
74	Entretien des cimetières.................	150 »	»	150 »	150 »	»	»	
75	Trait. de la directrice de la salle d'asile......	1200 »	»	1200 »	1200 »	»	»	
76	Suppl. de traitement de l'institutrice.........	150 »	»	150 »	150 »	»	»	
77	Dictionnaire municipal.................	11 »	»	11 »	11 »	»	»	
78	Traité de l'admin. financière des communes...	15 »	»	15 »	15 »	»	»	
79	Traitement des vicaires.................	200 »	»	200 »	200 »	»	»	
80	Fêtes publiques.....................	1000 »	»	1000 »	1000 »	»	»	
81	Dépenses imprévues...................	1500 »	»	1250 50	1250 50	»	249 50	
	CHAP. II. — DÉPENSES EXTRAORDINAIRES.							
82	Remboursement d'emprunt..............	1654 85	654 85	2309 70	2309 70	»	»	
83	Travaux d'achèvement des chemins vicinaux...	2000 »	»	2000 »	2000 »	»	»	
	CHAPITRES ADDITIONNELS. — DÉPENSES SUPPLÉMENTAIRES.							
	SECTION Iʳᵉ. — *Report des crédits annulés pour dépenses restant à payer à la clôture de l'année 1874.*							
84	Remises du receveur municipal............	»	»	»	»	»		Voir art. 16.
	A reporter.....	54444 60	4369 »	58298 75	56714 75	1584 »	1514 85	

Numéros d'ordre.	DÉSIGNATION des CHAPITRES ET ARTICLES.	CRÉDITS OUVERTS		DROITS CONSTATÉS.	PAIEMENTS EFFECTUÉS au 31 mars 1879.	CRÉDITS ou PORTIONS DE CRÉDITS		OBSERVA-TIONS.
		par le Budget primitif.	par le Budget supplémentaire.			réservés pour restes à payer, à reporter sur l'exercice 1879.	annulés faute d'emploi au 31 décembre 1878.	
		fr. c.	fr. c.	fr. c.	fr. c.	fr. c.	fr. c.	
	Report........	54444 60	4369 »	58298 75	56714 75	1584 »	1514 85	
85	Travaux sur chemins (Reliquat)............	»	»	»	»	»	»	Voir art. 39.
86	Entretien des aqueducs, lavoirs, fontaines....	»	»	»	»	»	»	Voir art. 32.
	§ 2.							
87	Remboursement d'emprunt...............	»	»	»	»	»	»	Voir art. 82.
	§ 3.							
88	Acquisition d'un timbre pour l'horloge......	»	200 »	200 »	200 »	»	»	
89	Table-bureau pour la mairie..............	»	70 »	70 »	70 »	»	»	
90	Réparation au chemin rural n° 4..........	»	803 »	803 »	803 »	»	»	
91	Badigeonnage des écoles.................	»	»	»	»	»	»	Voir art. 60.
	Autorisations spéciales.							
92	Conf. et renouvell. des matrices générales....	»	»	»	»	»	»	Voir art. 13.
93	Réparation au chemin rural n° 4..........	»	25 »	25 »	25 »	»	»	
	TOTAL DES DÉPENSES (*)....	55444 60	5467 »	59396 75	57812 75	1584 »	1514 85	

(*) REMARQUE. — La somme des colonnes 3 et 4 (55444.60 + 5467) égale celle des colonnes 6, 7 et 8 (57812.75 + 1584 + 1514.85), et les totaux des colonnes 6 et 7 (57812.75 + 1584) égalent le total de la colonne 5 (59396.75).

Résultat des opérations de l'exercice 1878.

	fr.	c.
Recettes.	58.543	35
Dépenses...........................	57.812	75
Le reliquat de l'exercice 1878 est de..	730	60

Certifié par nous, maire de la commune de

A   le   1879.

DÉLIBÉRATION

SUR LE COMPTE ADMINISTRATIF DE 1878

L'an mil huit cent soixante-dix-neuf, le......, les membres composant le conseil municipal de la commune de..... se sont réunis au lieu ordinaire de leurs séances.

Étaient présents MM.

Ouï le rapport de M. le maire,

Vu les diverses ordonnances et instructions ministérielles sur la comptabilité des communes, et notamment celles des 24 avril 1834, 10 avril 1835 et 20 juin 1859;

Le conseil, après s'être fait présenter le budget de l'exercice 1878 et les autorisations supplémentaires qui s'y rattachent, les titres définitifs des créances à recouvrer, le détail des dépenses effectuées et celui des mandats délivrés par M. le maire, ordonnateur, le compte d'administration de l'exercice 1878, accompagné du compte de gestion du receveur ainsi que les états des restes à recouvrer et des restes à payer reportés sur 1879.

Procédant au règlement définitif du budget de 1878, propose de fixer ainsi qu'il suit les recettes et les dépenses dudit exercice, savoir :

RECETTES.

	fr.	c.
Les recettes, tant ordinaires qu'extraordinaires de l'exercice 1878, évaluées par le budget à 60.691 fr. 10 ont dû s'élever, d'après les titres définitifs des créances à recouvrer, à la somme de...........	61.338	35
De laquelle somme il convient de déduire celle de....	2.795	»

Savoir :

Pour les restes à recouvrer justifiés, et qui seront portés en recette au prochain compte......................	2.795 fr.
Pour restes à recouvrer non justifiés, à mettre à la charge du comptable qui en sera forcé en recette au prochain compte	»
Somme égale.......	2.795 fr.

	fr.	c.
Au moyen de quoi la recette de 1878 demeure définitivement fixée à la somme de.................	58.543	35

DÉPENSES.

Les dépenses créditées au budget de 1878 s'élèvent à.	55.444	60
Il faut y joindre celles qui ont été l'objet de crédits supplémentaires accordés dans le cours de l'exercice.	5.467	»
Total des dépenses présumées......	60.911	60
De cette somme il faut déduire celle de............	3.098	85

SAVOIR :

1° Crédits ou portions de crédits restés sans emploi comme excédant le montant réel des dépenses, ci.........	1.514	85
2° Dépenses faites, mais non ordonnancées avant le 15 mars 1879, et à reporter aux budgets suivants.......	1.584	»
3° Dépenses ordonnancées, mais non payées avant le 31 mars 1879, et à reporter aux chapitres additionnels de 1879....................	»	»
Somme égale....... 3.098 85		

Au moyen des déductions ci-dessus, les dépenses de l'exercice 1878 sont définitivement fixées à.......	57.812	75
Les recettes de toute nature étant de............	58.543	35
Les dépenses de..........................	57.812	75
Il reste par conséquent pour excédant définitif la somme de.........................	730	60

laquelle sera portée au chapitre des recettes supplémentaires du budget de 1879.

Toutes les opérations de l'exercice 1878 sont déclarées définitivement closes et les crédits annulés. La présente délibération sera jointe, comme pièce justificative, au budget de 1878.

Délibéré à...

4° EXTRAIT DE LA LOI SUR L'ADMINISTRATION MUNICIPALE

En date du 18 Juillet 1837.

LOUIS-PHILIPPE, Roi des Français, à tous présents et à venir, SALUT.

Nous avons proposé, les Chambres ont adopté, NOUS AVONS ORDONNÉ et ORDONNONS ce qui suit :

TITRE II

DES ATTRIBUTIONS DES MAIRES ET DES CONSEILS MUNICIPAUX.

CHAPITRE PREMIER

Des Attributions des Maires.

ART. 10. — Le maire est chargé, sous la surveillance de l'administration supérieure,

1° De la police municipale, de la police rurale et de la voirie municipale, et de pourvoir à l'exécution des actes de l'autorité supérieure qui y sont relatifs ;

2° De la conservation et de l'administration des propriétés de la commune, et de faire en conséquence tous actes conservatoires de ses droits ;

3° De la gestion des revenus, de la surveillance des établissements communaux et de la comptabilité communale ;

4° De la proposition du budget et de l'ordonnancement des dépenses ;

5° De la direction des travaux communaux ;

6° De souscrire les marchés, de passer les baux des biens et les adjudications des travaux communaux, dans les formes établies par les lois et règlements ;

7° De souscrire dans les mêmes formes, les actes de vente, échange, partage, acceptation de dons ou legs, acquisition, transaction, lorsque ces actes ont été autorisés conformément à la présente loi ;

8° De représenter la commune en justice, soit en demandant, soit en défendant.

CHAPITRE II

Des Attributions des Conseils municipaux.

Art. 17. — Les conseils municipaux règlent par leurs délibérations les objets suivants :

1° Le mode d'administration des biens communaux ;

2° Les conditions des baux à ferme ou à loyer dont la durée n'excède pas dix-huit ans pour les biens ruraux, et neuf ans pour les autres biens ;

3° Le mode de jouissance et la répartition des pâturages et fruits communaux, autres que les bois, ainsi que les conditions à imposer aux parties prenantes ;

4° Les affouages, en se conformant aux lois forestières.

(D'après l'ordonnance du 18 décembre 1838, toutes les fois que les conseils municipaux auront pris une délibération réglant l'un des objets énoncés dans l'art. 17 de la loi du 18 juillet 1837, le maire devra, avant de la soumettre au sous-préfet, avertir les habitants, par la voie des annonces et publications usitées dans la commune qu'ils peuvent se présenter à la mairie pour prendre connaissance de ladite délibération. Cette formalité devra être constatée par un certificat joint à la délibération).

Art. 18. — Expédition de toute délibération sur un des objets énoncés en l'article précédent est immédiatement adressée par le maire au sous-préfet, qui en délivre ou fait délivrer récépissé. La délibération est exécutoire si, dans les trente jours qui suivent la date du récépissé, le préfet ne l'a pas annulée, soit d'office, pour violation d'une disposition de loi ou d'un règlement d'administration publique, soit sur la réclamation de toute partie intéressée.

Toutefois, le préfet peut suspendre l'exécution de la délibération pendant un autre délai de trente jours.

Art. 19. — Le conseil municipal délibère sur les objets suivants :

1° Le budget de la commune, et, en général, toutes les recettes et dépenses, soit ordinaires, soit extraordinaires ;

2° Les tarifs et règlements de perception de tous les revenus communaux ;

3° Les acquisitions, aliénations et échanges des propriétés communales, leur affectation aux différents services publics, et, en général, tout ce qui intéresse leur conservation et leur amélioration ;

4° La délimitation ou le partage des biens indivis entre deux ou plusieurs communes ou sections de commune ;

5° Les conditions des baux à ferme ou à loyer dont la durée excède dix-huit ans pour les biens ruraux, et neuf ans pour les autres biens, ainsi que celles des baux des biens pris à loyer par la commune, quelle qu'en soit la durée ;

6° Les projets de constructions, de grosses réparations et de démolitions, et, en général, tous les travaux à entreprendre ;

7° L'ouverture des rues et places publiques et les projets d'alignement de voirie municipale ;

8° Le parcours et la vaine pâture ;

9° L'acceptation des dons et legs faits à la commune et aux établissements communaux ;

10° Les actions judiciaires et transactions ;

Et tous les autres objets sur lesquels les lois et règlements appellent les conseils municipaux à délibérer.

ART. 20. — Les délibérations des conseils municipaux sur les objets énoncés à l'article précédent sont adressées au sous-préfet.

Elles sont exécutoires sur l'approbation du préfet, sauf les cas où l'approbation par le ministre compétent, ou par ordonnance royale (aujourd'hui décret) est prescrite par les lois ou par les règlements d'administration publique.

ART. 21. — Le conseil municipal est toujours appelé à donner son avis sur les objets suivants :

1° Les circonscriptions relatives au culte ;

2° Les circonscriptions relatives à la distribution des secours publics ;

3° Les projets d'alignement de grande voirie dans l'intérieur des villes, bourgs et villages ;

4° L'acceptation des dons et legs faits aux établissements de charité et de bienfaisance ;

5° Les autorisations d'emprunter, d'acquérir, d'échanger, d'aliéner, de plaider ou de transiger, demandées par les mêmes établissements, et par les fabriques des églises et autres administrations préposées à l'entretien des cultes dont les ministres sont salariés par l'Etat ;

6° Les budgets et les comptes des établissements de charité et de bienfaisance ;

7° Les budgets et les comptes des fabriques et autres administrations préposées à l'entretien des cultes dont les ministres sont salariés par l'Etat, lorsqu'elles reçoivent des secours sur les fonds communaux ;

8° Enfin tous les objets sur lesquels les conseils municipaux sont appelés par les lois et règlements à donner leur avis ou seront consultés par le préfet.

ART. 22. — Le conseil municipal réclame, s'il y a lieu, contre le contingent assigné à la commune dans l'établissement des impôts de répartition.

ART. 24. — Le conseil municipal peut exprimer son vœu sur tous les objets d'intérêt local.

Il ne peut faire, ni publier aucune protestation, proclamation ou adresse.

ART. 25. — Dans les séances où les comptes d'administration du maire sont débattus, le conseil municipal désigne au scrutin celui de ses membres qui exerce la présidence.

Le maire peut assister à la délibération ; il doit se retirer au moment où le conseil municipal va émettre son vote. Le président adresse directement la délibération au sous-préfet.

TITRE III

DES DÉPENSES ET RECETTES ET DES BUDGETS DES COMMUNES.

ART. 30. — Les dépenses des communes sont obligatoires ou facultatives.

Sont obligatoires les dépenses suivantes :

1º L'entretien, s'il y a lieu, de l'hôtel de ville ou du local affecté à la mairie ;

2º Les frais de bureau et d'impression pour le service de la commune ;

3º L'abonnement au *Bulletin des lois, Moniteur des Communes* (décret du 12 février 1852) ;

4º Les frais de recensement de la population ;

5º Les frais des registres de l'état civil, et la portion des tables décennales à la charge des communes ;

6º Le traitement du receveur municipal, du préposé en chef de l'octroi, et les frais de perception ;

7º Le traitement des gardes des bois de la commune et des gardes champêtres ;

8º Le traitement et les frais de bureau des commissaires de police, tels qu'ils sont déterminés par les lois ;

9º Les pensions des employés municipaux et des commissaires de police, régulièrement liquidées et approuvées ;

10º Les frais de loyer et de réparation du local de la justice de paix, ainsi que ceux d'achat et d'entretien de son mobilier, dans les communes chefs-lieux de canton ;

11º Les dépenses de la garde nationale, telles qu'elles sont déterminées par les lois ;

12° Les dépenses relatives à l'instruction publique, conformément aux lois ;

13° L'indemnité de logement aux curés et desservants, et autres ministres des cultes salariés par l'Etat, lorsqu'il n'existe pas de bâtiment affecté à leur logement ;

14° Les secours aux fabriques des églises et autres administrations préposées aux cultes dont les ministres sont salariés par l'Etat, en cas d'insuffisance de leurs revenus, justifiés par leurs comptes et budgets ;

15° Le contingent assigné à la commune, conformément aux lois, dans la dépense des enfants trouvés et abandonnés ;

16° Les grosses réparations aux édifices communaux, sauf l'exécution des lois spéciales concernant les bâtiments militaires et les édifices consacrés au culte ;

17° La clôture des cimetières, leur entretien et leur translation dans les cas déterminés par les lois et règlements d'administration publique ;

18° Les frais des plans d'alignements ;

19° Les frais et dépenses des conseils des prud'hommes, pour les communes où ils siègent ; les menus frais des chambres consultatives des arts et manufactures, pour les communes où elles existent ;

20° Les contributions et prélèvements établis par les lois sur les biens et revenus communaux ;

21° L'acquittement des dettes exigibles ;

Et généralement toutes les autres dépenses mises à la charge des communes par une disposition des lois.

Toutes dépenses autres que les précédentes sont facultatives.

Art. 31. — Les recettes des communes sont ordinaires ou extraordinaires.

Les recettes ordinaires des communes se composent :

1° Des revenus de tous les biens dont les habitants n'ont pas la jouissance en nature ;

2° Des cotisations imposées annuellement sur les ayants-droit aux fruits qui se perçoivent en nature ;

3° Du produit des centimes ordinaires affectés aux communes par les lois de finances ;

4° Du produit de la portion accordée aux communes dans l'impôt des patentes ;

5° Du produit des octrois municipaux ;

6° Du produit des droits de place perçus dans les halles, foires, marchés, abattoirs, d'après les tarifs dûment autorisés ;

7° Du produit des permis de stationnement et des locations sur la voie publique, sur les ports et rivières et autres lieux publics ;

8° Du produit des péages communaux, des droits de pesage, mesurage et jaugeage, des droits de voirie et autres droits légalement établis ;

9° Du prix des concessions dans les cimetières ;

10° Du produit des concessions d'eau, de l'enlèvement des boues et immondices de la voie publique, et autres concessions autorisées pour les services communaux ;

11° Du produit des expéditions des actes administratifs, et des actes de l'état civil ;

12° De la portion que les lois accordent aux communes dans le produit des amendes prononcées par les tribunaux de simple police, par ceux de police correctionnelle et par les conseils de discipline de la garde nationale,

Et généralement du produit de toutes les taxes de ville et de police dont la perception est autorisée par la loi.

ART. 32. — Les recettes extraordinaires se composent :

1° Des contributions extraordinaires dûment autorisées ;

2° Du prix des biens aliénés ;

3° Des dons et legs ;

4° Du remboursement des capitaux exigibles et des rentes rachetés ;

5° Du produit des coupes extraordinaires de bois ;

6° Du produit des emprunts,

Et de toutes autres recettes accidentelles.

ART. 33. — Le budget de chaque commune, proposé par le maire, et voté par le conseil municipal, est définitivement réglé par arrêté du préfet.

Toutefois le budget des villes dont le revenu est de cent mille francs, ou plus, est réglé par arrêté du préfet (décret du 15 mars 1852).

Le revenu d'une commune est réputé atteindre cent mille francs lorsque les recettes ordinaires, constatées dans les comptes, se sont élevées à cette somme pendant les trois dernières années.

Il n'est réputé être descendu au-dessous de cent mille francs que lorsque, pendant les trois dernières années, les recettes ordinaires sont restées inférieures à cette somme.

ART. 34. — Les crédits qui pourraient être reconnus nécessaires après le règlement du budget sont délibérés conformément aux articles précédents et autorisés par le préfet.

ART. 35. — Dans le cas où, par une cause quelconque, le budge d'une commune n'aurait pas été approuvé avant le commencement de l'exercice, les recettes et dépenses continueront, jusqu'à l'approbation de ce budget, à être faites conformément à celui de l'année précédente.

ART. 36. — Les dépenses proposées au budget d'une commune

peuvent être rejetées ou réduites par l'arrêté du préfet, qui règle ce budget.

ART. 37. — Les conseils municipaux peuvent porter au budget un crédit pour dépenses imprévues.

La somme inscrite pour ce crédit ne pourra être réduite ou rejetée qu'autant que les revenus ordinaires, après avoir satisfait à toutes les dépenses obligatoires, ne permettraient pas d'y faire face, ou qu'elle excèderait le dixième des recettes ordinaires.

Le crédit pour dépenses imprévues sera employé par le maire, avec l'approbation du préfet ou du sous-préfet.

Dans les communes autres que les chefs-lieux de département ou d'arrondissement, le maire pourra employer le montant de ce crédit aux dépenses urgentes, sans approbation préalable, à la charge d'en informer immédiatement le sous-préfet et d'en rendre compte au conseil municipal dans la première session ordinaire qui suivra la dépense effectuée.

ART. 38. — Les dépenses proposées au budget ne peuvent être augmentées, et il ne peut y en être introduit de nouvelles par l'arrêté du préfet, qu'autant qu'elles sont obligatoires, et par décret si les recettes comprennent une imposition extraordinaire (décret du 25 mars 1852).

ART. 39. — Si un conseil municipal n'allouait pas les fonds exigés pour une dépense obligatoire, ou n'allouait qu'une somme insuffisante, l'allocation nécessaire serait inscrite au budget par arrêté du préfet, en conseil de préfecture.

Dans tous les cas, le conseil municipal sera préalablement appelé à en délibérer.

S'il s'agit d'une dépense annuelle et variable, elle sera inscrite pour sa quotité moyenne pendant les trois dernières années. S'il s'agit d'une dépense annuelle et fixe de sa nature, ou d'une dépense extraordinaire, elle sera inscrite pour sa quotité réelle.

Si les ressources de la commune sont insuffisantes pour subvenir aux dépenses obligatoires inscrites d'office en vertu du présent article, il y sera pourvu par le conseil municipal, ou, en cas de refus de sa part, au moyen d'une contribution extraordinaire établie par un décret, dans les limites du maximum qui sera fixé annuellement par la loi de finances, et par une loi spéciale si la contribution doit excéder ce maximum.

ART. 40. — Les délibérations du conseil municipal concernant une contribution extraordinaire destinée à subvenir aux dépenses obligatoires ne seront exécutoires qu'en vertu d'un arrêté du préfet, s'il s'agit d'une commune ayant moins de cent mille francs de revenu, et d'un décret s'il s'agit d'une commune ayant un revenu supérieur.

Dans le cas où la contribution extraordinaire aurait pour but de subvenir à d'autres dépenses que les dépenses obligatoires, elle ne pourra être autorisée que par décret, s'il s'agit d'une commune ayant moins de cent mille francs de revenu, et par une loi, s'il s'agit d'une commune ayant un revenu supérieur.

ART. 41. — Aucun emprunt ne pourra être autorisé que par décret, rendu dans les formes des règlements d'administration publique, pour les communes ayant moins de cent mille francs de revenu, et par une loi, s'il s'agit d'une commune ayant un revenu supérieur.

Néanmoins, en cas d'urgence et dans l'intervalle des sessions, un décret rendu dans la forme des règlements d'administration publique, pourra autoriser les communes dont le revenu est de cent mille francs et au-dessus à contracter un emprunt jusqu'à concurrence du quart de leurs revenus.

ART. 42. — Dans les communes dont les revenus sont inférieurs à cent mille francs, toutes les fois qu'il s'agira de contributions extraordinaires ou d'emprunts, les plus imposés aux rôles de la commune seront appelés à délibérer avec le conseil municipal, en nombre égal à celui des membres en exercice.

Ces plus imposés seront convoqués individuellement par le maire, au moins dix jours avant celui de la réunion.

Lorsque les plus imposés appelés seront absents, ils seront remplacés en nombre égal par les plus imposés portés après eux sur le rôle.

ART. 43. — Les tarifs des droits de voirie sont réglés par décret, rendu dans la forme des règlements d'administration publique.

ART. 44. — Les taxes particulières dues par les habitants ou propriétaires, en vertu des lois et des usages locaux, sont réparties par délibération du conseil municipal, approuvée par le préfet.

Ces taxes sont perçues, suivant les formes établies pour le recouvrement des contributions publiques.

ART. 45. — Aucune construction nouvelle, ou reconstruction entière ou partielle, ne pourra être autorisée que sur la production des projets et devis.

Ces projets et devis seront soumis à l'approbation préalable du préfet (décret du 25 mars 1852).

TITRE IV

DES ACQUISITIONS, ALIÉNATIONS, BAUX, DONS ET LEGS.

ART. 46. — Les délibérations des conseils municipaux ayant pour objet des acquisitions, des ventes ou échanges d'immeubles, le partage des biens indivis, sont exécutoires sur arrêté du préfet, en conseil de préfecture, quand il s'agit d'une valeur n'excédant pas trois mille francs, pour les communes dont le revenu est au-dessous de cent mille francs, et vingt mille francs pour les autres communes.

S'il s'agit d'une valeur supérieure, il est statué par ordonnance du Roi (aujourd'hui décret).

La vente des biens mobiliers et immobiliers des communes, autres que ceux qui servent à un usage public, pourra sur la demande de tout créancier porteur de titres exécutoires, être autorisée par une ordonnance du Roi (aujourd'hui décret), qui déterminera les formes de la vente.

Art. 47. — Des délibérations des conseils municipaux ayant pour objet des baux dont la durée devra excéder dix-huit ans ne sont exécutoires qu'en vertu d'un arrêté du préfet.

Quelle que soit la durée du bail, l'acte passé par le maire n'est exécutoire qu'après l'approbation du préfet.

Art. 48. — Les délibérations ayant pour objet l'acceptation des dons et legs d'objets mobiliers de sommes d'argent, faits à la commune et aux établissements communaux, sont exécutoires en vertu d'un arrêté du préfet, lorsque leur valeur n'excède pas trois mille francs, et en vertu d'un décret, lorsque leur valeur est supérieure ou qu'il y a réclamation des prétendants droit à la succession.

Les délibérations qui porteraient refus de dons et legs, et toutes celles qui concerneraient des dons et legs d'objets immobiliers ne sont exécutoires qu'en vertu d'un arrêté du préfet. Décret du 25 mars 1852.

Le maire peut toujours, à titre conservatoire, accepter les dons et legs, en vertu de la délibération du conseil municipal : l'ordonnance du Roi (aujourd'hui décret), ou l'arrêté du préfet, qui intervient ensuite, a effet du jour de cette acceptation.

TITRE VI

COMPTABILITÉ DES COMMUNES.

Art. 60. — Les comptes du maire pour l'exercice clos, sont présentés au conseil municipal avant la délibération du budget. Ils sont définitivement approuvés par les préfets, pour les communes dont le revenu est inférieur à cent mille francs, et par le ministre compétent, pour les autres communes.

Art. 61. — Le maire peut seul délivrer des mandats. S'il refusait d'ordonnancer une dépense régulièrement autorisée et liquide, il serait prononcé par le préfet en conseil de préfecture.

L'arrêté du préfet tiendrait lieu du mandat du maire.

Art. 62. Les recettes et dépenses communales s'effectuent par un comptable chargé seul, et sous sa responsabilité, de poursuivre la rentrée de tous revenus de la commune et de toutes sommes qui lui seraient dues, ainsi que d'acquitter les dépenses ordonnancées par le maire, jusqu'à concurrence des crédits régulièrement accordés.

Tous les rôles de taxe, de sous-répartitions et de prestations locales, devront être remis à ce comptable.

Art. 63. — Toutes les recettes municipales pour lesquelles les lois et règlements n'ont pas prescrit un mode spécial de recouvrement s'effectuent sur des états dressés par le maire. Ces états sont exécutoires après qu'ils ont été visés par le sous-préfet.

Les oppositions, lorsque la matière est de la compétence des tribunaux ordinaires, sont jugées comme affaires sommaires, et la commune peut y défendre, sans autorisation du conseil de préfecture.

Art. 64. — Toute personne, autre que le receveur municipal, qui, sans autorisation légale, se serait ingérée dans le maniement des deniers de la commune, sera, par ce seul fait, constituée comptable ; elle pourra en outre être poursuivie en vertu de l'article 258 du Code pénal, comme s'étant immiscée sans titre dans des fonctions publiques.

Art. 69. — Les budgets et les comptes des communes restent déposés à la mairie, où toute personne imposée aux rôles de la commune a droit d'en prendre connaissance.

Ils sont rendus publics par la voie de l'impression, dans les communes dont le revenu est de cent mille francs ou plus, et dans les autres, quand le conseil municipal a voté la dépense de l'impression.

5° LOI SUR L'EXPROPRIATION POUR CAUSE D'UTILITÉ PUBLIQUE

En date du 3 Mai 1841.

LOUIS-PHILIPPE, Roi des Français, à tous présents et à venir, SALUT.

Nous avons proposé, les Chambres ont adopté, NOUS AVONS ORDONNÉ et ORDONNONS ce qui suit :

TITRE PREMIER

DISPOSITIONS PRÉLIMINAIRES.

Art. 1er. — L'expropriation pour cause d'utilité publique s'opère par autorité de justice.

Art. 2. — Les tribunaux ne peuvent prononcer l'expropriation qu'autant que l'utilité en a été constatée et déclarée dans les formes prescrites par la présente loi.

Ces formes consistent :

1° Dans la loi ou l'ordonnance royale qui autorise l'exécution des travaux pour lesquels l'expropriation est requise ;

2° Dans l'acte du préfet qui désigne les localités ou territoires sur lesquels les travaux doivent avoir lieu, lorsque cette désignation ne résulte pas de la loi ou de l'ordonnance royale ;

3° Dans l'arrêté ultérieur par lequel le préfet détermine les propriétés particulières auxquelles l'expropriation est applicable.

Cette application ne peut être faite à aucune propriété particulière qu'après que les parties intéressées ont été mises en état d'y fournir leurs contredits, selon les règles exprimées au titre II.

Art. 3. — Tous grands travaux publics, routes royales, canaux, chemins de fer, canalisation des rivières, bassins et docks, entrepris par l'État, les départements, les communes, ou par compagnies particulières, avec ou sans péage, avec ou sans subside du trésor, avec ou sans aliénation du domaine public, ne pourront être exécutés qu'en vertu d'une loi, qui ne sera rendue qu'après une enquête administrative.

Une ordonnance royale suffira pour autoriser l'exécution des routes départementales, celles des canaux et chemin de fer d'embranchement de moins de vingt mille mètres de longueur, des ponts et de tous autres travaux de moindre importance.

Cette ordonnance devra également être précédée d'une enquête.

Ces enquêtes auront lieu dans les formes déterminées par un règlement d'administration publique.

TITRE II

DES MESURES D'ADMINISTRATION RELATIVES A L'EXPROPRIATION.

Art. 4. — Les ingénieurs ou autres gens de l'art chargés de l'exécution des travaux lèvent, pour la partie qui s'étend sur chaque commune, le plan parcellaire des terrains ou des édifices dont la cession leur paraît nécessaire.

Art. 5. — Le plan desdites propriétés particulières, indicatif des noms de chaque propriétaire, tels qu'ils sont inscrits sur la matrice des rôles, reste déposé, pendant huit jours, à la mairie de la commune où les propriétés sont situées, afin que chacun puisse en prendre connaissance.

Art. 6. — Le délai fixé à l'article précédent ne court qu'à dater de l'avertissement, qui est donné collectivement aux parties intéressées, de prendre communication du plan déposé à la mairie.

Cet avertissement est publié à son de trompe ou de caisse dans la commune, et affiché tant à la principale porte de l'église du lieu qu'à celle de la maison commune.

Il est en outre inséré dans l'un des journaux publiés dans l'arrondissement, ou, s'il n'en existe aucun, dans l'un des deux journaux du département.

Art. 7. — Le maire certifie ces publications et affiches ; il mentionne sur un procès-verbal qu'il ouvre à cet effet, et que les parties qui comparaissent sont requises de signer, les déclarations et réclamations qui lui ont été faites verbalement, et y annexe celles qui lui sont transmises par écrit.

Art. 8. — A l'expiration du délai de huitaine prescrit par l'article 5, une commission se réunit au chef-lieu de la sous-préfecture.

Cette commission, présidée par le sous-préfet de l'arrondissement, sera composée de quatre membres du conseil général du département ou du conseil de l'arrondissement désignés par le préfet, du maire de la commune où les propriétés sont situées, et de l'un des ingénieurs chargés de l'exécution des travaux.

La commission ne peut délibérer valablement qu'autant que cinq de ses membres au moins sont présents.

Dans le cas où le nombre des membres présents serait de six, et où il y aurait partage d'opinions, la voix du président sera prépondérante.

Les propriétaires qu'il s'agit d'exproprier ne peuvent être appelés à faire partie de la commission.

Art. 9. — La commission reçoit, pendant huit jours les observations des propriétaires.

Elle les appelle toutes les fois qu'elle le juge convenable. Elle donne son avis.

Ses opérations doivent être terminées dans le délai de dix jours; après quoi le procès-verbal est adressé immédiatement par le sous-préfet au préfet.

Dans le cas où lesdites opérations n'auraient pas été mises à fin dans le délai ci-dessus, le sous-préfet devra, dans les trois jours, transmettre au préfet son procès-verbal et les documents recueillis.

Art. 10. — Si la commission propose quelque changement au tracé indiqué par les ingénieurs, le sous-préfet devra, dans la forme indiquée par l'article 6, en donner immédiatement avis aux propriétaires que ces changement pourront intéresser. Pendant huitaine, à dater de cet avertissement, le procès-verbal et les pièces resteront déposés à la sous-préfecture; les parties intéressées pourront en prendre communication sans déplacement et sans frais, et fournir leurs observations écrites.

Dans les trois jours suivants, le sous-préfet transmettra toutes les pièces à la préfecture.

Art. 11. — Sur le vu du procès-verbal et des documents y annexés, le préfet détermine, par un arrêté motivé, les propriétés qui doivent être cédées, et indique l'époque à laquelle il sera nécessaire d'en prendre possession. Toutefois, dans le cas où il résulterait de l'avis de la commission qu'il y aurait lieu de modifier le tracé des travaux ordonnés, le préfet surseoira jusqu'à ce qu'il ait été prononcé par l'administration supérieure.

L'administration supérieure pourra, suivant les circonstances, ou statuer définitivement, ou ordonner qu'il soit procédé de nouveau à tout ou partie des formalités prescrites par les articles précédents.

Art. 12. — Les dispositions des articles 8, 9 et 10 ne sont point applicables au cas où l'expropriation serait demandée par une commune, et dans un intérêt purement communal, non plus qu'aux travaux d'ouverture ou de redressement des chemins vicinaux.

Dans ce cas, le procès-verbal prescrit par l'art. 7 est transmis, avec l'avis du conseil municipal, par le maire au sous-préfet, qui l'adressera au préfet avec ses observations.

Le préfet en conseil de préfecture, sur le vu de ce procès-verbal, et sauf l'approbation de l'administration supérieure, prononcera comme il est dit en l'article précédent.

TITRE III

DE L'EXPROPRIATION ET DE SES SUITES,
QUANT AUX PRIVILEGES, HYPOTHÈQUES ET AUTRES
DROITS RÉELS.

Art. 13. — Si des biens de mineurs, d'interdits, d'absents, ou autres incapables, sont compris dans les plans déposés en vertu de l'art. 5, ou dans les modifications admises par l'administration supérieure, aux termes de l'article 11 de la présente loi, les tuteurs, ceux qui ont été envoyés en possession provisoire, et tous représentants des incapables, peuvent, après autorisation du tribunal donnée sur simple requête, en la chambre du conseil, le ministère public entendu, consentir amiablement à l'aliénation desdits biens.

Le tribunal ordonne les mesures de conservation ou de remploi qu'il juge nécessaires.

Ces dispositions sont applicables aux immeubles dotaux et aux majorats.

Les préfets pourront, dans le même cas, aliéner les biens des départements, s'ils y sont autorisés par délibération du conseil général ; les maires ou administrateurs pourront aliéner les biens des communes ou établissement publics, s'ils y sont autorisés par délibération du conseil municipal ou du conseil d'administration, approuvée par le préfet en conseil de préfecture.

Le ministre des finances peut consentir à l'aliénation des biens de l'État, ou de ceux qui font partie de la dotation de la Couronne, sur la proposition de l'intendant de la liste civile.

A défaut de conventions amiables, soit avec les propriétaires des terrains ou bâtiments dont la cession est reconnue nécessaire, soit avec ceux qui les représentent, le préfet transmet au procureur du Roi dans le ressort duquel les biens sont situés la loi ou l'ordonnance qui autorise l'exécution des travaux, et l'arrêté mentionné en l'article 11.

Art. 14. — Dans les trois jours, et sur la production des pièces constatant que les formalités prescrites par l'article 2 du titre Ier, et par le titre II de la présente loi, ont été remplies, le procureur du Roi requiert et le tribunal prononce l'expropriation pour cause d'utilité publique des terrains ou bâtiments indiqués dans l'arrêté du préfet.

Si, dans l'année de l'arrêté du préfet, l'administration n'a pas poursuivi l'expropriation, tout propriétaire dont les terrains sont compris audit arrêté peut présenter requête au tribunal. Cette requête sera communiquée par le procureur du Roi au préfet, qui devra, dans le plus bref délai, envoyer les pièces, et le tribunal statuera dans les trois jours.

Le même jugement commet un des membres du tribunal pour remplir les fonctions attribuées par le titre IV, chapitre II, au magistrat directeur du jury chargé de fixer l'indemnité, et désigne un autre membre pour le remplacer au besoin.

En cas d'absence ou d'empêchement de ces deux magistrats, il sera pouvu à leur remplacement par une ordonnance sur requête du président du tribunal civil.

Dans le cas où les propriétaires à exproprier consentiraient à la cession, mais où il n'y aurait point accord sur le prix, le tribunal donnera acte du consentement, et désignera le magistrat directeur du jury, sans qu'il soit besoin de rendre le jugement d'expropriation, ni de s'assurer que les formalités prescrites par le titre II ont été remplies.

ART. 15. — Le jugement est publié et affiché, par extrait, dans la commune de la situation des biens, de la manière indiquée en l'article 6. Il est en outre inséré dans l'un des journaux publiés dans l'arrondissement, ou, s'il n'en existe aucun, dans l'un de ceux du département.

Cet extrait, contenant les noms des propriétaires, les motifs et le dispositif du jugement, leur est notifié au domicile qu'ils auront élu dans l'arrondissement de la situation des biens, par une déclaration faite à la mairie de la commune ou les biens sont situés; et, dans le cas où cette élection de domicile n'aurait pas eu lieu, la notification de l'extrait sera faite en double copie au maire et au fermier, locataire, gardien ou régisseur de la propriété.

Toutes les autres notifications prescrites par la présente loi seront faites dans la forme ci-dessus indiquée.

ART. 16. — Le jugement sera, immédiatement après l'accomplissement des formalités prescrites par l'article 15 de la présente loi, transcrit au bureau de la conservation des hypothèques de l'arrondissement, conformément à l'article 2181 du Code civil.

ART. 17. — Dans la quinzaine de la transcription, les privilèges et les hypothèques conventionnelles, judiciaires ou légales, seront inscrits.

A défaut d'inscription dans ce délai, l'immeuble exproprié sera affranchi de tous privilèges et hypothèques, de quelque nature qu'ils soient, sans préjudice des droits des femmes, mineurs et interdits, sur le montant de l'indemnité, tant qu'elle n'a pas été payée ou que l'ordre n'a pas été réglé définitivement entre les créanciers.

Les créanciers inscrits n'auront dans aucun cas, la faculté de surenchérir, mais ils pourront exiger que l'indemnité soit fixée conformément au titre IV.

ART. 18. — Les actions en résolution, en revendication, et toutes autres actions réelles, ne pourront arrêter l'expropriation ni en empêcher l'effet. Le droit des réclamants sera transporté sur le prix, et l'immeuble en demeurera affranchi.

Art. 19. — Les règles posées dans le premier paragraphe de l'article 15 et dans les articles 16, 17 et 18, sont applicables dans le cas de conventions amiables passées entre l'administration et les propriétaires.

Cependant l'administration peut, sauf les droits des tiers, et sans accomplir les formalités ci-dessus tracées, payer le prix des acquisitions dont la valeur ne s'élèverait pas au-dessus de cinq cents francs.

Le défaut d'accomplissement des formalités de la purge des hypothèques n'empêche pas l'expropriation d'avoir son cours; sauf, pour les parties intéressées, à faire valoir leurs droits ultérieurement, dans les formes déterminées par le titre IV de la présente loi.

Art. 20. — Le jugement ne pourra être attaqué que par la voie du recours en cassation, et seulement pour incompétence, excès de pouvoir ou vices de forme du jugement.

Le pourvoi aura lieu, au plus tard, dans les trois jours, à dater de la notification du jugement, par déclaration au greffe du tribunal. Il sera notifié dans la huitaine, soit à la partie, au domicile indiqué par l'article 15, soit au préfet ou au maire, suivant la nature des travaux; le tout à peine de déchéance.

Dans la quinzaine de la notification du pourvoi, les pièces seront adressées à la chambre civile de la cour de cassation, qui statuera dans le mois suivant.

L'arrêt, s'il est rendu par défaut, à l'expiration de ce délai, ne sera pas susceptible d'opposition.

TITRE IV
DU RÈGLEMENT DES INDEMNITÉS.

CHAPITRE PREMIER
Mesures préparatoires.

Art. 21. — Dans la huitaine qui suit la notification prescrite par l'article 15, le propriétaire est tenu d'appeler et de faire connaître à l'administration les fermiers, locataires, ceux qui ont des droits d'usufruit, d'habitation ou d'usage, tels qu'ils sont réglés par le Code civil, et ceux qui peuvent réclamer des servitudes résultant des titres mêmes du propriétaire ou d'autres actes dans lesquels il serait intervenu; sinon il restera seul chargé envers eux des indemnités que ces derniers pourront réclamer.

Les autres intéressés seront en demeure de faire valoir leurs droits par l'avertissement énoncé en l'article 6, et tenus de se faire connaître à l'administration dans le même délai de huitaine, à défaut de quoi ils seront déchus de tous droits à l'indemnité.

Art. 22. — Les dispositions de la présente loi relatives aux propriétaires et à leurs créanciers sont applicables à l'usufruitier et à ses créanciers.

Art. 23. — L'administration notifie aux propriétaires et à tous autres intéressés qui auront été désignés ou qui seront intervenus dans le délai fixé par l'article 21, les sommes qu'elle offre pour indemnités.

Ces offres sont, en outre, affichées et publiées conformément à l'article 6 de la présente loi.

Art. 24. — Dans la quinzaine suivante, les propriétaires et autres intéressés sont tenus de déclarer leur acceptation, ou, s'ils n'acceptent pas les offres qui leur sont faites, d'indiquer le montant de leurs prétentions.

Art. 25. — Les femmes mariées sous le régime dotal, assistées de leurs maris, les tuteurs, ceux qui ont été envoyés en possession provisoire des biens d'un absent, et autres personnes, qui représentent les incapables, peuvent valablement accepter les offres énoncées en l'article 23, s'ils y sont autorisés dans les formes prescrites par l'article 13.

Art. 26. — Le ministre des finances, les préfets, maires ou administrateurs, peuvent accepter les offres d'indemnité pour expropriation des biens appartenant à l'État, à la Couronne, aux départetements, communes ou établissements publics dans les formes et avec les autorisations prescrites par l'article 13.

Art. 27. — Le délai de quinzaine, fixé par l'article 24, sera d'un mois dans les cas prévus par les articles 25 et 26.

Art. 28. — Si les offres de l'administration ne sont pas acceptées dans les délais prescrits par les articles 24 et 27, l'administration citera devant le jury, qui sera convoqué à cet effet, les propriétaires et tous autres intéressés qui auront été désignés, ou qui seront intervenus, pour qu'il soit procédé au règlement des indemnités de la manière indiquée au chapitre suivant. La citation contiendra l'énonciation des offres qui auront été refusées.

CHAPITRE II
Du Jury spécial chargé de régler les Indemnités.

Art. 29. — Dans sa session annuelle, le conseil général du département désigne, pour chaque arrondissement de sous-préfecture, tant sur la liste des électeurs que sur la seconde partie de la liste du jury, trente-six personnes au moins, et soixante et douze au plus, qui ont leur domicile réel dans l'arrondissement, parmi lesquels sont choisis, jusqu'à la session suivante ordinaire du conseil général, les membres du jury spécial appelé, le cas échéant, à régler les indemnités dues par suite d'expropriation pour cause d'utilité publique.

Le nombre des jurés désignés pour le département de la Seine sera de six cents.

ART. 30. — Toutes les fois qu'il y a lieu de recourir à un jury spécial, la première chambre de la cour royale, dans les départements qui sont le siège d'une cour royale, et, dans les autres départements, la première chambre du tribunal du chef-lieu judiciaire, choisit en la chambre du conseil, sur la liste dressée en vertu de l'article précédent pour l'arrondissement dans lequel ont lieu les expropriations, seize personnes qui formeront le jury spécial chargé de fixer définitivement le montant de l'indemnité, et, en outre, quatre jurés supplémentaires ; pendant les vacances, ce choix est déféré à la chambre de la cour ou du tribunal chargée du service des vacations. En cas d'abstention ou de récusation des membres du tribunal, le choix du jury est déféré à la cour royale.

Ne peuvent être choisis,

1º Les propriétaires, fermiers, locataires des terrains et bâtiments désignés en l'arrêté du préfet pris en vertu de l'article 11, et qui restent à acquérir ;

2º Les créanciers ayant inscription sur lesdits immeubles ;

3º Tous autres intéressés désignés ou intervenant en vertu des articles 21 et 22.

Les septuagénaires seront dispensés, s'ils le requièrent, des fonctions de juré.

ART. 31. — La liste des seize jurés et des quatre jurés supplémentaires est transmise par le préfet au sous-préfet, qui, après s'être concerté avec le magistrat directeur du jury, convoque les jurés et les parties, en leur indiquant, au moins huit jours à l'avance, le lieu et le jour de la réunion. La notification aux parties leur fait connaître les noms des jurés.

ART. 32. — Tout juré qui, sans motifs légitimes, manque à l'une des séances, ou refuse de prendre part à la délibération, encoure une amende de cent francs au moins et de trois cents francs au plus.

L'amende est prononcée par le magistrat directeur du jury.

Il statue en dernier ressort sur l'opposition qui serait formée par le juré condamné.

Il prononce également sur les causes d'empêchement que les jurés proposent, ainsi que sur les exclusions ou incompatibilités dont les causes ne seraient survenues ou n'auraient été connues que postérieurement à la désignation faite en vertu de l'article 30.

Art. 33. — Ceux des jurés qui se trouvent rayés de la liste par suite des empêchements, exclusions ou incompatibilités prévus à l'article précédent, sont immédiatement remplacés par les jurés supplémentaires, que le magistrat directeur du jury appelle dans l'ordre de leur inscription.

En cas d'insuffisance, le magistrat directeur du jury choisit, sur la liste dressée en vertu de l'article 29, les personnes nécessaires pour compléter le nombre des seize jurés.

Art. 34. — Le magistrat directeur du jury est assisté, auprès du jury spécial, du greffier ou commis-greffier du tribunal, qui appelle successivement les causes sur lesquelles le jury doit statuer, et tient procès-verbal des opérations.

Lors de l'appel, l'administration a le droit d'exercer deux récusations péremptoires ; la partie adverse a le même droit.

Dans le cas où plusieurs intéressés figurent dans la même affaire, ils s'entendent pour l'exercice du droit de récusation, sinon le sort désigne ceux qui doivent en user.

Si le droit de récusation n'est point exercé, ou s'il ne l'est que partiellement, le magistrat directeur du jury procède à la réduction des jurés au nombre de douze, en retranchant les derniers noms inscrits sur la liste.

Art. 35. — Le jury spécial n'est constitué que lorsque les douze jurés sont présents.

Les jurés ne peuvent délibérer valablement qu'au nombre de neuf au moins.

Art. 36. — Lorsque le jury est constitué, chaque juré prête serment de remplir ses fonctions avec impartialité.

Art. 37. — Le magistrat directeur met sous les yeux du jury,

1° Le tableau des offres et demandes notifiées en exécution des articles 23 et 24 ;

2° Les plans parcellaires et les titres ou autres documents produits par les parties à l'appui de leurs offres et demandes.

Les parties ou leurs fondés de pouvoir peuvent présenter sommairement leurs observations.

Le jury pourra entendre toutes les personnes qu'il croira pouvoir l'éclairer.

Il pourra également se transporter sur les lieux, ou déléguer à cet effet un ou plusieurs de ses membres.

La discussion est publique ; elle peut être continuée à une autre séance.

Art. 38. — La clôture de l'instruction est prononcée par le magistrat directeur du jury.

Les jurés se retirent immédiatement dans leur chambre pour déli-

6

bérer, sans désemparer, sous la présidence de l'un d'eux, qu'ils désignent à l'instant même.

La décision du jury fixe le montant de l'indemnité ; elle est prise à la majorité des voix.

En cas de partage, la voix du président du jury est prépondérante.

ART. 39. — Le jury prononce des indemnités distinctes en faveur des parties qui les réclament à des titres différents, comme propriétaires, fermiers, locataires, usagers et autres intéressés dont il est parlé à l'article 21.

Dans le cas d'usufruit, une seule indemnité est fixée par le jury, eu égard à la valeur total de l'immeuble ; le nu-propriétaire et l'usufruitier exercent leurs droits sur le montant de l'indemnité au lieu de l'exercer sur la chose.

L'usufruitier sera tenu de donner caution ; les père et mère ayant l'usufruit légal des biens de leurs enfants en seront seuls dispensés.

Lorsqu'il y a litige sur le fond du droit ou sur la qualité des réclamants, et toutes les fois qu'il s'élève des difficultés étrangères à la fixation du montant de l'indemnité, le jury règle l'indemnité indépendamment de ces litiges et difficultés, sur lesquels les parties sont renvoyées à se pourvoir devant qui de droit.

L'indemnité allouée par le jury ne peut, en aucun cas, être inférieure aux offres de l'administration, ni supérieure à la demande de la partie intéressée.

ART. 40. — Si l'indemnité réglée par le jury ne dépasse pas l'offre de l'administration, les parties qui l'auront refusée seront condamnées aux dépens.

Si l'indemnité est égale à la demande des parties, l'administration sera condamnée aux dépens.

Si l'indemnité est à la fois supérieure à l'offre de l'administration, et inférieure à la demande des parties, les dépens seront compensés de manière à être supportés par les parties et l'administration, dans les proportions de leur offre ou de leur demande avec la décision du jury.

Tout indemnitaire qui ne se trouvera pas dans le cas des articles 25 et 26 sera condamné aux dépens, quelle que soit l'estimation ultérieure du jury, s'il a omis de se conformer aux dispositions de l'article 24.

ART. 41. — La décision du jury, signée des membres qui y ont concouru, est remise par le président au magistrat directeur, qui la déclare exécutoire, statue sur les dépens, et envoie l'administration en possession de la propriété, à la charge par elle de se conformer aux dispositions des articles 53, 54 et suivants.

Ce magistrat taxe les dépens, dont le tarif est déterminé par un règlement d'administration publique.

La taxe ne comprendra que les actes faits postérieurement à l'offre de l'administration; les frais des actes antérieurs demeurent, dans tous les cas, à la charge de l'administration.

Art. 42. — La décision du jury et l'ordonnance du magistrat directeur ne peuvent être attaquées que par la voie du recours en cassation, et seulement pour violation du premier paragraphe de l'article 30, de l'article 31, des deuxième et quatrième paragraphes de l'article 34, et des articles 35, 36, 37, 38, 39 et 40.

Le délai sera de quinze jours pour ce recours, qui sera d'ailleurs formé, notifié et jugé comme il est dit dans l'article 20; il courra à partir du jour de la décision.

Art. 43. — Lorsqu'une décision du jury aura été cassée, l'affaire sera renvoyée devant un nouveau jury, choisi dans le même arrondissement.

Néanmoins la cour de cassation pourra, suivant les circonstances, renvoyer l'appréciation de l'indemnité à un jury choisi dans un des arrondissements voisins, quand même il appartiendrait à un autre département.

Il sera procédé, à cet effet, conformément à l'article 30.

Art. 44. — Le jury ne connaît que des affaires dont il a été saisi au moment de sa convocation, et statue successivement et sans interruption sur chacune de ses affaires. Il ne peut se séparer qu'après avoir réglé toutes les indemnités dont la fixation lui a été ainsi déférée.

Art. 45. — Les opérations commencées par un jury, et qui ne sont pas encore terminées au moment du renouvellement annuel de la liste générale mentionnée en l'article 29, sont continuées, jusqu'à conclusion définitive, par le même jury.

Art. 46. — Après la clôture des opérations du jury, les minutes de ses décisions et les autres pièces qui se rattachent auxdites opérations sont déposées au greffe du tribunal civil de l'arrondissement.

Art. 47. — Les noms des jurés qui auront fait le service d'une session ne pourront être portés sur le tableau dressé par le conseil général pour l'année suivante.

Art. 48. — Le jury est juge de la sincérité des titres et de l'effet des actes qui seraient de nature à modifier l'évaluation de l'indemnité.

Art. 49. — Dans le cas où l'administration contesterait au détenteur exproprié le droit à une indemnité, le jury sans s'arrêter à la contestation, dont il renvoie le jugement devant qui de droit, fixe l'indemnité comme si elle était due, et le magistrat directeur du jury en ordonne la consignation, pour, ladite indemnité, rester déposée jusqu'à ce que les parties se soient entendues ou que le litige soit vidé.

Art. 50. — Les bâtiments dont il est nécessaire d'acquérir une portion pour cause d'utilité publique seront achetés en entier, si les propriétaires le requièrent par une déclaration formelle adressée au magistrat directeur du jury, dans les délais énoncés aux articles 24 et 27.

Il en sera de même de toute parcelle de terrain qui, par suite du morcellement, se trouvera réduit au quart de la contenance totale, si toutefois le propriétaire ne possède aucun terrain immédiatement contigu, et si la parcelle ainsi réduite est inférieure à dix ares.

Art. 51. — Si l'exécution des travaux doit procurer une augmentation de valeur immédiate et spéciale au restant de la propriété, cette augmentation sera prise en considération dans l'évaluation du montant de l'indemnité.

Art. 52. — Les constructions, plantations et améliorations ne donneront lieu à aucune indemnité, lorsque, à raison de l'époque où elles auront été faites ou de toutes autres circonstances dont l'appréciation lui est abandonnée, le jury acquiert la conviction qu'elles ont été faites dans la vue d'obtenir une indemnité plus élevée.

TITRE V

DU PAIEMENT DES INDEMNITÉS.

Art. 53. — Les indemnités réglées par le jury seront, préalablement à la prise de possession, acquittées entre les mains des ayants droit.

S'ils se refusent à les recevoir, la prise de possession aura lieu après offres réelles et consignation.

S'il s'agit de travaux exécutés par l'État ou les départements, les offres réelles pourront s'effectuer au moyen d'un mandat égal au montant de l'indemnité réglée par le jury : ce mandat, délivré par l'ordonnateur compétent, visé par le payeur, sera payable sur la caisse publique qui s'y trouvera désignée.

Si les ayants droit refusent de recevoir le mandat, la prise de possession aura lieu après consignation en espèces.

Art. 54. — Il ne sera pas fait d'offres réelles toutes les fois qu'il existera des inscriptions sur l'immeuble exproprié ou d'autres obstacles au versement des deniers entre les mains des ayants droit; dans ce cas, il suffira que les sommes dues par l'administration soient consignées, pour être ultérieurement distribuées ou remises, selon les règles du droit commun.

Art. 55. — Si, dans les six mois du jugement d'expropriation, l'administration ne poursuit pas la fixation de l'indemnité, les parties pourront exiger qu'il soit procédé à ladite fixation.

Quand l'indemnité aura été réglée, si elle n'est ni acquittée ni consignée dans les six mois de la décision du jury, les intérêts courront de plein droit à l'expiration de ce délai.

TITRE VI

DISPOSITIONS DIVERSES.

Art. 56. — Les contrats de vente, quittances et autres actes relatifs à l'acquisition des terrains, peuvent être passés dans la forme des actes administratifs; la minute restera déposée au secrétariat de la préfecture : expédition en sera transmise à l'administration des domaines.

Art. 57. — Les significations et notifications mentionnées en la présente loi sont faites à la diligence du préfet du département de la situation des biens.

Elles peuvent être faites tant par huissier que par tout agent de l'administration dont les procès-verbaux font foi en justice.

Art. 58. — Les plans, procès-verbaux, certificats, significations, jugements, contrats, quittances et autres actes faits en vertu de la présente loi, seront visés pour timbre et enregistrés gratis, lorsqu'il y aura lieu à la formalité de l'enregistrement.

Il ne sera perçu aucuns droits pour la transcription des actes au bureau des hypothèques.

Les droits perçus sur les acquisitions amiables faites antérieurement aux arrêtés de préfet seront restitués, lorsque dans le délai de deux ans, à partir de la perception, il sera justifié que les immeubles acquis sont compris dans ces arrêtés. La restitution des droits ne pourra s'appliquer qu'à la portion des immeubles qui aura été reconnue nécessaire à l'exécution des travaux.

Art. 59. — Lorsqu'un propriétaire aura accepté les offres de l'administration, le montant de l'indemnité devra, s'il l'exige et s'il n'y a pas eu contestation de la part des tiers dans les délais prescrits par les articles 24 et 27, être versé à la caisse des dépôts et consignations, pour être remis ou distribué à qui de droit, selon les règles du droit commun.

Art. 60. — Si les terrains acquis pour des travaux d'utilité publique ne reçoivent pas cette destination, les anciens propriétaires ou leurs ayants droit peuvent en demander la remise.

Le prix des terrains rétrocédés est fixé à l'amiable, et, s'il n'y a pas accord, par le jury, dans les formes ci-dessus prescrites. La fixation par le jury ne peut, en aucun cas, excéder la somme moyennant laquelle les terrains ont été acquis.

Art. 61. — Un avis, publié de la manière indiquée en l'article 6,

6.

fait connaître les terrains que l'administration est dans le cas de revendre. Dans les trois mois de cette publication, les anciens propriétaires qui veulent réacquérir la propriété desdits terrains sont tenus de le déclarer ; et, dans le mois de la fixation du prix, soit amiable, soit judiciaire, ils doivent passer le contrat de rachat et payer le prix : le tout à peine de déchéance du privilège que leur accorde l'article précédent.

ART. 62. — Les dispositions des articles 60 et 61 ne sont pas applicables aux terrains qui auront été acquis sur la réquisition du propriétaire, en vertu de l'article 50, et qui resteraient disponibles après l'exécution des travaux.

ART. 63. — Les concessionnaires des travaux publics exerceront tous les droits conférés à l'administration, et seront soumis à toutes les obligations qui lui sont imposées par la présente loi.

ART. 64. — Les contributions de la portion d'immeuble qu'un propriétaire aura cédée, ou dont il aura été exproprié pour cause d'utilité publique, continueront à lui être comptées pendant un an, à partir de la remise de la propriété, pour former son cens électoral.

TITRE VII

DISPOSITIONS EXCEPTIONNELLES.

CHAPITRE PREMIER

ART. 65. — Lorsqu'il y aura urgence de prendre possession des terrains non bâtis qui seront soumis à l'expropriation, l'urgence sera spécialement déclarée par une ordonnance royale.

ART. 66. — En ce cas, après le jugement d'expropriation, l'ordonnance qui déclare l'urgence et le jugement seront notifiés, conformément à l'article 15, aux propriétaires et aux détenteurs, avec assignation devant le tribunal civil. L'assignation sera donnée à trois jours au moins ; elle énoncera la somme offerte par l'administration.

ART. 67. — Au jour fixé, le propriétaire et les détenteurs seront tenus de déclarer la somme dont ils demandent la consignation avant l'envoi en possession.

Faute par eux de comparaître, il sera procédé en leur absence.

ART. 68. — Le tribunal fixe le montant de la somme à consigner.

Le tribunal peut se transporter sur les lieux, ou commettre un juge pour visiter les terrains, recueillir tous les renseignements propres à en déterminer la valeur, et en dresser, s'il y a lieu, un procès-verbal descriptif. Cette opération devra être terminée dans les cinq jours, à dater du jugement qui l'aura ordonnée.

Dans les trois jours de la remise de ce procès-verbal au greffe, le tribunal déterminera la somme à consigner.

Art. 69. — La consignation doit comprendre, outre le principal, la somme nécessaire pour assurer, pendant deux ans, le paiement des intérêts à cinq pour cent.

Art. 70. — Sur le vu du procès-verbal de consignation, et sur une nouvelle assignation à deux jours de délai au moins, le président ordonne la prise de possession.

Art. 71. — Le jugement du tribunal et l'ordonnance du président sont exécutoires sur minute et ne peuvent être attaqués par opposition ni par appel.

Art. 72. — Le président taxera les dépens, qui seront supportés par l'administration.

Art. 73. — Après la prise de possession, il sera, à la poursuite de la partie la plus diligente, procédé à la fixation définitive de l'indemnité, en exécution du titre IV de la présente loi.

Art. 74. — Si cette fixation est supérieure à la somme qui a été déterminée par le tribunal, le supplément doit être consigné dans la quinzaine de la notification de la décision du jury, et, à défaut, le propriétaire peut s'opposer à la continuation des travaux.

CHAPITRE II

Art. 75. — Les formalités prescrites par les titres I et II de la présente loi ne sont applicables ni aux travaux militaires ni aux travaux de la marine royale.

Pour ces travaux, une ordonnance royale détermine les terrains qui sont soumis à l'expropriation.

Art. 76. — L'expropriation ou l'occupation temporaire, en cas d'urgence, des propriétés privées qui seront jugées nécessaires pour des travaux de fortification, continueront d'avoir lieu conformément aux dispositions prescrites par la loi du 30 mars 1831.

Toutefois, lorsque les propriétaires ou autres intéressés n'auront pas accepté les offres de l'administration, le règlement définitif des indemnités aura lieu conformément aux dispositions du titre IV ci-dessus.

Seront également applicables aux expropriations poursuivies en vertu de la loi du 30 mars 1831, les articles 16, 17, 18, 19, et 20, ainsi que le titre IV de la présente loi.

TITRE VIII

DISPOSITIONS FINALES

Art. 77. — Les lois des 8 mars 1810 et 7 juillet 1833 sont abrogées.

La présente loi, discutée, délibérée et adoptée par la Chambre des Pairs et par celle des Députés, et sanctionnée par nous cejourd'hui, sera exécutée comme loi de l'État.

Donnons en mandement à nos Cours et Tribunaux, Préfets, Corps administratifs, et tous autres, que les présentes ils gardent et maintiennent, fassent garder, observer et maintenir, et, pour les rendre plus notoires à tous, ils les fassent publier et enregistrer partout où besoin sera ; et, afin que ce soit chose ferme et stable à toujours, nous y avons fait mettre notre sceau.

Fait au palais des Tuileries, le 3e jour du mois de Mai, l'an 1841.

6° CHEMINS VICINAUX

———

Paris, le 16 juin 1877.

Monsieur le Préfet,

Le paragraphe 5 de l'article 239 de l'Instruction générale sur les chemins vicinaux établit, quand il s'agit de terrains non bâtis ni clos de murs, une distinction, au point de vue de la justification des dépenses, entre les acquisitions ayant pour objet l'ouverture et le redressement des chemins vicinaux et celles ayant simplement en vue l'élargissement. Il dispose qu'il y a lieu de procéder à la purge des hypothèques, dans le premier cas, suivant les formes de la loi du 3 mai 1841, relative à l'expropriation, et, dans le second, conformément au droit commun.

Cette distinction a été critiquée par la Cour des comptes, qui pense que dans les deux cas, qu'il s'agisse d'ouverture, de redressement et d'élargissement, les dispositions de la loi du 3 mai 1841 doivent toujours être appliqués, aussi bien en ce qui concerne la purge qu'en ce qui touche la dispense des droits d'enregistrement et de timbre.

Dans un référé en date du 18 avril dernier, elle a fait remarquer que la jurisprudence du ministère de l'intérieur est basée sur le règlement de comptabilité du 30 novembre 1840, mais qu'elle est contraire aux principes admis antérieurement.

Elle rappelle que toutes les circulaires interprétant la loi du 21 mai 1836 présentaient l'article 15 de cette loi comme ayant uniquement pour but de simplifier, à l'égard des dépossessions d'un intérêt minime, les longues formalités de la loi du 7 juillet 1833, et que, notamment, la circulaire du 17 décembre 1837 prenait soin de spécifier qu'aucune des modifications introduites par la loi du 21 mai 1836 n'était relative à la purge des hypothèques, et, que pour cet objet, il y avait lieu de s'en référer aux articles 16 et 17 de la loi du 7 juillet 1833.

Elle insiste, d'ailleurs, sur l'impossibilité de concilier, depuis la loi du 23 mars 1855, sur la transcription, les effets de l'article 15 de la loi de 1836 avec les garanties accordées aux tiers par le droit commun.

Elle fait observer, en effet, que le terrain, se trouvant *ipso facto*, par suite de la décision d'élargissement, incorporé à la voie publique, de telle sorte que tout obstacle apporté à la jouissance de ce terrain serait un cas d'usurpation justiciable du Conseil de préfecture, il devient impossible d'appliquer les règles du droit privé, qui, en cas de vente, conserve les actions et droits réels des tiers sur l'immeuble, à la seule condition d'une transcription ou inscription en temps utile, et qui autorise les créanciers privilégiés ou hypothécaires valablement inscrits à évincer l'acquéreur par voie de surenchère. En recourant, dans l'espèce, à la purge ordinaire, on induirait donc en erreur les créanciers inscrits, en leur indiquant comme possible une surenchère qui n'aurait aucun effet, et on ferait tort aux créanciers non inscrits, en abrégeant de quinze jours le délai pendant lequel ils pourraient prendre inscription.

En résumé, la Cour des comptes repousse toute distinction, au point de vue de la purge des hypothèques et autres droits réels, et des droits de timbre et d'enregistrement, entre les acquisitions de terrains non bâtis ni clos de murs, opérées soit pour ouverture ou pour redressement, soit pour élargissement d'un chemin vicinal ; dans les deux cas, elle est d'avis que la loi de 1841 est seule applicable. Cette doctrine a le mérite de réduire à une règle uniforme, en matière de chemins vicinaux, lorsqu'il s'agit de terrains non bâtis ni clos de murs, la purge des privilèges et hypothèques de toute nature ; elle est, de plus, favorable à la garantie des droits des tiers : à ce double titre, il ne saurait y avoir que des avantages à ce qu'elle soit définitivement adoptée.

Mon collègue des finances, partageant l'avis de la Cour des comptes, j'ai cru devoir modifier, de la manière suivante, le paragraphe 4 de l'article 239 de l'instruction générale sur le service des chemins vicinaux.

§ IV

Acquisition et échange de propriétés immobilières pour l'ouverture, le redressement et l'élargissement des chemins vicinaux.

SOMMAIRE.

CHAPITRE PREMIER

OUVERTURE ET REDRESSEMENT

(art. 16 de la loi du 21 mai 1836)

Les travaux d'ouverture et de redressement des chemins vicinaux sont autorisés par le Conseil général pour les chemins de grande communication et d'intérêt commun, et par la Commission départementale pour les chemins vicinaux ordinaires. La décision du Conseil général ou de la Commission départementale équivaut à une déclaration d'utilité publique, sauf lorsqu'il s'agit de terrains bâtis ou clos de murs compris dans le tracé adopté. Dans ce dernier cas, l'utilité publique doit, aux termes de la loi du 8 juin 1864, être prononcée par un décret.

SECTION PREMIÈRE

Acquisition d'Immeubles en cas de convention amiable.

ART. 1er. — CONVENTION PORTANT A LA FOIS SUR LA CESSION ET SUR LE PRIX.

§ 1er. *Terrains non bâtis ni clos de mur.*

1° Extrait de l'acte déclarant les travaux d'utilité publique.

SAVOIR :

Décision du Conseil général lorsqu'il s'agit de chemins de grande communication et d'intérêt commun. (Loi du 10 août 1871, art. 44);

Décision de la Commission départementale, s'il s'agit de chemins vicinaux ordinaires. (Loi du 10 août 1871, art. 86.)

Lesdites décisions accompagnées de la mention expresse qu'elles n'ont été l'objet d'aucun des recours énumérés par les articles 47 et 88 de la loi du 10 août 1871 ;

Et, dans le cas où la décision de la Commission départementale aurait été frappée d'appel :

Décision du Conseil général ;

2° Délibération du Conseil municipal[1], si la dépense totalisée avec celle des autres acquisitions déjà votées dans le même exercice ne dépasse pas le dixième des revenus ordinaires de la commune. (Loi du 24 juillet 1867, art. 1er, § 1er et art. 6.)

Et, de plus, ampliation de l'arrêté pris par le préfet en conseil de préfecture pour autoriser l'acquisition. (Loi du 18 juillet 1837,

---

1. Dans ce cas, la délibération du Conseil municipal ne doit être approuvée par le préfet que s'il y a désaccord entre le Conseil municipal et le maire.

art. 46. — Décret du 25 mars 1852, art. 1er, tableau A), si la dépense totalisée avec celles des autres acquisitions déjà votées dans le même exercice dépasse le dixième des revenus ordinaires de la commune ;

3° Expédition ou extrait de l'acte de cession amiable, timbré lorsqu'il est produit avec le compte final, et non timbré, lorsqu'il s'agit d'une justification provisoire ; ladite expédition ou ledit extrait portant mention de la transcription et de l'enregistrement (art. 16 et 19 de la loi du 3 mai 1841), et constatant que le vendeur a produit les titres qui établissent sa possesion.

Nota. — Les portions contiguës appartenant à un même propriétaire doivent faire l'objet d'un seul acte de vente.

Si le vendeur n'est pas l'individu dénommé à la matrice des rôles, le contrat doit indiquer comment la propriété est passée du propriétaire désigné par la matrice des rôles à celui qui consent la vente.

Si la désignation portée à la matrice des rôles est inexacte ou incomplète, le vendeur doit prouver l'inexactitude ou l'erreur par la production d'un bail, d'un acte de vente, d'un partage ou d'un acte authentique.

A défaut d'acte authentique, l'identité sera prouvée par un certificat du maire, délivré sur la déclaration de deux témoins au moins. Ces justifications seront énoncées au contrat.

4° Certificat du maire constatant que, préalablement à la transcription, l'acte de vente a été publié et affiché conformément à l'article 15 de la loi du 3 mai 1841, et suivant les formes de l'article 6.

5° Exemplaire certifié du journal où l'insertion a été faite. (Les formalités de publicité dont l'accomplissement doit être constaté par le certificat portent sur l'acte de cession.)

Nota. — Les formalités de publications et d'insertion doivent toujours précéder la transcription, à peine de nullité de la transcription.

6° Certificat du maire délivré huit jours au moins après les publications et affiches ci-dessus mentionnées, et constatant qu'aucun tiers ne s'est fait connaître comme intéressé au règlement de l'indemnité (art. 21. § 2, de la loi du 3 mai 1841);

7° Certificat négatif (T) ou état (T) des inscriptions, délivré par le conservateur des hypothèques, quinze jours au moins après la transcription.

Nota. — Les inscriptions dont la non-existence ou la radiation doit être justifiée sont exclusivement celles dont l'immeuble se trouve grevé du chef, soit du vendeur, soit du propriétaire désigné par la matrice cadastrale, ou de leurs auteurs.

Dans le cas où il existe des inscriptions, et si le montant du prix n'est pas versé à la caisse des consignations.

8° Certificat (T) de radiation délivré par le conservateur des hypothèques, ou quittance notariée portant main levée des inscriptions.

7

9° Décompte en principal et intérêts du prix d'acquisition ;

10° Certificat de paiement délivré par l'agent voyer cantonal et visé par l'agent voyer d'arrondissement pour les chemins vicinaux ordinaires ; et délivré par l'agent voyer en chef, pour les chemins de grande communication et d'intérêt commun ;

11° Quittance de l'ayant droit ;

Les quittances peuvent être passées dans la forme des actes administratifs (art. 56 de la loi du 3 mai 1841).

Nota. — Lorsque l'indemnité ne dépassera pas 500 francs, les pièces relatives à la purge des hypothèques et le certificat du conservateur pourront être remplacées par une délibération du Conseil municipal approuvée par le préfet, dispensant le maire de faire remplir les formalités de la purge des hypothèques ; en outre, en vertu de la même délibération, et quand même elle ne l'aurait pas spécifié, l'acte ne sera pas soumis à la transcription. (Loi du 3 mai 1841, art. 19, et ordonnance du 18 avril 1842, art. 2.)

En cas de consignation du montant du prix de vente à la Caisse des dépôts et consignations, on produira les pièces mentionnées ci-dessus, à l'exception de la quittance de l'ayant droit, et lorsque la consignation est motivée par l'existence d'inscriptions hypothécaires, des états d'inscriptions qui sont remis à la Caisse des dépôts et consignations.

Et en outre :

12° Arrêté du maire pour les chemins vicinaux ordinaires ou du préfet pour les chemins de grande communication et d'intérêt commun, prescrivant la consignation et en énonçant les motifs ; si la consignation a pour cause l'existence d'inscriptions hypothécaires, l'arrêté visera la date de la délivrance par le conservateur de l'état d'inscriptions ;

13° Récépissé du préposé de la Caisse des dépôts et consignations.

§ 2. *Terrains bâtis ou clos de murs.*

Si l'utilité publique a été déclarée :

1° Copie du décret déclarant les travaux d'utilité publique. (Loi du 8 juin 1864.)

2° Les pièces mentionnées au § 1°, 2° à 13°.

Si l'utilité publique n'a pas été déclarée :

1° Délibération du Conseil municipal[1], si la dépense totalisée avec celles des autres acquisitions déjà votées dans le même exercice ne dépasse pas le dixième des revenus ordinaires de la commune. (Loi du 24 juillet 1867, art. 1er, § 1er et art. 6.)

Et de plus, ampliation de l'arrêté pris par le préfet en conseil de préfecture pour autoriser l'acquisition. (Loi du 18 juillet 1837,

[1]. Dans ce cas, la délibération du Conseil municipal ne doit être approuvée par le préfet que s'il y a désaccord entre le Conseil municipal et le maire.

art. 46, et décret du 25 mars 1852, art. 1er, tableau A), si la dépense totalisée avec celles des autres acquisitions déjà votées dans le même exercice dépasse le dixième des revenus ordinaires de la commune.

2° Copie certifiée du contrat, timbrée lorsqu'elle est produite avec le compte final ; non timbrée lorsqu'il s'agit d'une justification provisoire ; ladite copie portant mention de la transcription et de l'enregistrement, indiquant les précédents propriétaires, et constatant que le vendeur a produit les titres qui établissent sa possession ;

3° Certificat (T) négatif délivré après transcription par le conservateur des hypothèques, relatant expressément qu'il s'applique aux mentions et transcriptions désignées par les articles 1 et 2 de la loi du 23 mars 1855 ainsi qu'aux transcriptions de saisies, de donations ou de substitutions ;

Ou, s'il y a lieu, état (T) des inscriptions, et, en outre, desdites transcriptions et mentions.

Nota. — Les inscriptions dont la non-existence ou la radiation doit être justifiée sont exclusivement celles qui intéressent les tiers, c'est-à-dire celles dont l'immeuble pourrait être grevé du chef du vendeur ou des précédents propriétaires ; il est inutile de justifier de la radiation de l'inscription prise d'office au profit du vendeur qui a traité avec la commune.

Dans le cas où ledit certificat ou état ne serait pas délivré quarante-cinq jours au moins après l'acte d'acquisition et s'il ne résulte pas, d'ailleurs, des énonciations même de l'acte, que la propriété appartenait, depuis plus de quarante-cinq jours avant la transcription, à ceux de qui la commune acquiert :

4° Certificat (T) spécial, constatant, après l'expiration du délai précité, qu'il n'a pas été pris d'inscription en vertu de l'article 6 de la loi du 23 mars 1855 ;

Ou, s'il y a lieu, état (T) de ces inscriptions.

Dans le cas où il existerait des inscriptions, si le montant du prix n'est pas versé à la Caisse des consignations :

5° Certificat (T) de radiation desdites inscriptions, délivré par le conservateur des hypothèques, ou quittance notariée portant mainlevée des inscriptions ;

6° Décompte en principal et intérêts du prix d'acquisition ;

7° Certificat de paiement délivré par l'agent voyer cantonal et visé par l'agent voyer d'arrondissement, si l'acquisition concerne les chemins vicinaux ordinaires ; délivré par l'agent voyer en chef si l'acquisition s'applique à un chemin de grande communication ou à un chemin d'intérêt commun ;

Et, pour établir la purge des hypothèques légales :

8° Certificat (T) du greffier du tribunal civil constatant le dépôt de l'acte d'acquisition après la transcription et son affichage au greffe pendant 2 mois ;

9° Exploit (T) de notification de ce dépôt au procureur de la République et aux parties désignées à l'article 2194 du Code civil ;

10° Exemplaire certifié du journal ou de la feuille d'annonces dans lequel a été inséré l'exploit de notification ;

11° Certificat (T) du conservateur des hypothèques constatant que, depuis la transcription jusqu'à l'expiration du délai de deux mois à dater de l'insertion (avis du Conseil d'État, 1er juin 1807) de l'exploit dans la feuille d'annonces, il n'a été pris aucune inscription sur l'immeuble vendu ;

Où s'il y a lieu, état (T) des inscriptions.

Dans le cas où il existerait des inscriptions, si le montant du prix n'est pas versé à la Caisse des consignations.

12° Certificat (T) de radiation desdites inscriptions, délivré par le conservateur des hypothèques, ou quittance notariée portant main-levée des inscriptions.

Nota. — Les maires des communes, autorisés à cet effet par les délibérations des Conseils municipaux, approuvées par les préfets, peuvent se dispenser de remplir les formalités de purge des hypothèques pour les acquisitions d'immeubles faites de gré à gré et dont le prix n'excède pas 500 francs. (Décret du 14 juillet 1866.) Dans ce cas, les communes peuvent se libérer entre les mains des vendeurs sans avoir besoin de produire un certificat du conservateur des hypothèques constatant l'existence ou la non-existence d'inscriptions hypothécaires, mais elles ne peuvent se dispenser de faire transcrire leur contrat d'acquisition que lorsque les immeubles ont été acquis en vertu de la loi du 3 mai 1841.

En cas d'acquisition sur saisie immobilière, les créanciers n'ayant plus d'action que sur le prix, il n'y a pas lieu de procéder à la purge des hypothèques légales, attendu que le jugement d'adjudication dûment transcrit purge toutes les hypothèques. Il n'y a pas lieu de procéder non plus à la purge des hypothèques sur les immeubles vendus par l'État, ni à celle des hypothèques légales des immeubles vendus par des départements, des communes et des établissements publics, sauf le cas exceptionnel où l'immeuble récemment acquis par le département, la commune ou l'établissement vendeur pourrait être grevé du chef des précédents propriétaires.

Si le montant du prix d'acquisition est versé à la Caisse des dépôts et consignations par suite d'obstacles au paiement, tels que l'existence d'inscriptions hypothécaires ou oppositions, il y a lieu de produire les pièces ci-dessus, à l'exception, lorsque la consignation est motivée par l'existence d'inscriptions hypothécaires, des états d'inscriptions nos 3° et 11° qui sont remis à la Caisse des dépôts,

Et en outre :

13° Arrêté du maire pour les chemins vicinaux ordinaires ou du préfet pour les chemins de grande communication et d'intérêt commun, prescrivant la consignation, en énonçant les motifs et, si elle a pour cause l'existence d'inscriptions hypothécaires, visant la date de la délivrance des états d'inscriptions ;

14° Récépissé du préposé de la Caisse des dépôts et consignations.

ART. 2. — CONVENTION PORTANT ACCORD SUR LA CESSION, MAIS RÉSERVANT AU JURY LA FIXATION DU PRIX.

§ 1er. *S'il s'agit de terrains non bâtis ni clos de murs* :

Toutes les justifications indiquées au § 1er de l'article 1er.

Et en outre : décision du jury rendue exécutoire par le magistrat directeur, contenant règlement de l'indemnité et, s'il y a lieu, répartition des dépens.

§ 2. *S'il s'agit de terrains bâtis ou clos de murs* :

1o Copie du décret déclarant les travaux d'utilité publique (loi du 8 juin 1864);

2o Les pièces indiquées au § 1er de l'article 1er, sous les nos 2o à 13o;

3o Et en outre, décision du jury rendue exécutoire par le magistrat directeur, contenant règlement de l'indemnité et, s'il y a lieu, répartition des dépens.

ART. 3. — CONVENTION SUR LE PRIX SEULEMENT, POSTÉRIEURE A LA TRANSLATION DE PROPRIÉTÉ PAR VOIE D'EXPROPRIATION, QU'IL S'AGISSE DE TERRAINS BATIS OU CLOS DE MURS OU DE TERRAINS NON BATIS NI CLOS DE MURS.

1o Copie (T) ou extrait (T) du jugement d'expropriation relatant textuellement la mention de la transcription et énonçant la date de la notification;

2o Certificat du maire constatant que, préalablement à la transcription, le jugement a été publié et affiché conformément à l'article 15 de la loi du 3 mai 1841, et suivant les formes de l'article 6 de ladite loi;

3o Exemplaire certifié du journal où l'insertion a été faite (l'insertion doit être faite antérieurement à la transcription);

4o Convention (T) dûment approuvée, contenant règlement de l'indemnité;

Et de plus :

Les justifications mentionnées à l'article 1er, § 1er, sous les nos 6o, 7o, 8o, 9o, 10o, 11o, 12o, 13o.

SECTION II

Acquisition faite en dehors de toute convention amiable.

1o Copie (T) ou extrait (T) du jugement d'expropriation, mentionnant textuellement la transcription et énonçant la date de la notification;

7.

2° Certificat du maire constatant que, préalablement à la transcription, le jugement a été publié et affiché conformément à l'article 15 de la loi du 3 mai 1841 et suivant les formes édictées par l'article 6 de ladite loi ;

3° Exemplaire certifié de la feuille d'annonces judiciaires dans laquelle a été inséré l'extrait du jugement. (L'insertion doit être faite antérieurement à la transcription.)

Nota. — Les formalités de publication, d'affichage et d'insertion mentionnées ci-dessus, doivent avoir été remplies antérieurement à la transcription, à peine de nullité de la transcription.

4° Certificat négatif (T) ou état (T) des inscriptions délivré par le conservateur des hypothèques, quinze jours au moins après la transcription. (Loi du 3 mai 1841, art. 17.)

Dans le cas où il existe des inscriptions, et si le montant du prix n'est pas versé à la Caisse des consignations.

5° Certificat (T) de radiation délivré par le conservateur des hypothèques ou quittance notariée portant main-levée des inscriptions.

Nota. — Les inscriptions dont la non-existence ou la radiation doit être justifiée sont exclusivement celles dont l'immeuble pouvait être grevé du chef des propriétaires désignés par le jugement d'expropriation.

6° Certificat du maire délivré au moins huit jours après les publications et affiches ci-dessus mentionnées, et constatant qu'aucun tiers ne s'est fait connaître comme intéressé au règlement de l'indemnité (Loi du 3 mai 1841, art. 21);

7° Décision du jury rendue exécutoire par le magistrat directeur et contenant règlement de l'indemnité et, s'il y a lieu, répartition des dépens ;

8° Décompte en principal et intérêts du prix d'acquisition.

La portion des dépens mise à la charge du vendeur peut être déduite du montant du prix d'acquisition.

9° Certificat de paiement délivré par l'agent voyer cantonal et visé par l'agent voyer d'arrondissement pour les chemins vicinaux ordinaires ; et délivré par l'agent voyer en chef pour les chemins de grande communication et d'intérêt commun.

10° Quittance de l'ayant droit ;

En outre :

En cas de consignation du prix de vente, voir le chapitre Ier, section Ire, article 1er.

Nota. — Si, par application de l'article 53 de la loi du 3 mai 1841, l'Administration a fait des offres réelles, il doit être produit une expédition du procès-verbal des offres constatant le refus de l'ayant droit, ou, dans le cas d'acceptation, le paiement de la somme due, et, lorsque la consignation a eu lieu, une expédition du procès-verbal de consignation.

SECTION III

Prise de possession, pour cause d'urgence, de terrains non bâtis.

ART. 1er. — CONSIGNATION PROVISOIRE.

1º Copie (T) extrait (T) du jugement d'expropriation relatant textuellement la mention de la transcription et énonçant la date de la notification ;

2º Certificat du maire, constatant que, préalablement à la transcription, le jugement a été publié et affiché, conformément à l'article 15 de la loi du 3 mai 1841, et suivant les formes prescrites par l'article 6 de ladite loi.

3º Exemplaire certifié du journal dans lequel a été inséré l'extrait du jugement ;

(Cette mention doit être faite antérieurement à la transcription).

4º Extrait ou mention du décret qui déclare l'urgence ;

5º Jugement qui fixe le montant de la somme à consigner par l'expropriant ;

6º Arrêté du préfet pour les chemins de grande communication et d'intérêt commun, ou du maire pour les chemins vicinaux ordinaires, motivant et prescrivant la consignation provisoire, qui doit comprendre, indépendamment de la somme fixée par le tribunal, les deux années d'intérêts exigées par l'article 69 de la loi du 3 mai 1841 ;

7º Récépissé du préposé de la Caisse des consignations.

ART. 2. — PAIEMENT DU COMPLÉMENT DANS LE CAS OU LA CONSIGNATION EST INFÉRIEURE AU MONTANT DE L'INDEMNITÉ.

1º Indication du mandat, auquel copie ou extrait du jugement d'expropriation a été joint au moment de la consignation provisoire ;

2º Décision du jury suivie de l'ordonnance d'exécution rendue par le magistrat directeur, contenant règlement de l'indemnité et, s'il y a lieu, répartition des dépens ;

3º Décompte en principal et intérêts du prix d'acquisition portant, s'il y a lieu, déduction des dépens mis à la charge des vendeurs. Les intérêts courent du jour où l'Administration est entrée en possession ;

4º Arrêté du préfet pour les chemins de grande communication et d'intérêt commun, ou du maire pour les chemins vicinaux ordinaires, rappelant la somme précédemment consignée, ainsi que la date et le numéro du mandat primitif, déterminant le solde à con-

signer et ordonnant la consignation de ce solde, ainsi que la conversion de la consignation provisoire en consignation définitive ;

(Cet arrêté doit expliquer si la consignation est faite à la charge ou non d'inscriptions hypothécaires, et s'il existe ou non d'autres obstacles au payement
entre les mains du propriétaire dépossédé ; il doit relater, en outre, la date du
certificat négatif ou de l'état des inscriptions délivré par le conservateur des
hypothèques ; le certificat ou l'état lui-même est remis à la Caisse des consignations).

5° Déclaration de l'agent de la Caisse des consignations constatant la conversion de la consignation provisoire en consignation définitive ;

6° Récépissé du préposé de la Caisse des consignations.

CHAPITRE II
ÉLARGISSEMENT.
(Art. 15 de la loi du 31 mai 1836.)

La largeur de chaque chemin vicinal est déterminée par le Conseil général pour les chemins de grande communication et d'intérêt
commun et par la Commission départementale pour les chemins vicinaux ordinaires. (Loi du 10 août 1871, art. 44 et 86.)

Aux termes de l'article 15 de la loi du 21 mai 1836, la décision
prescrivant l'élargissement d'un chemin vicinal attribue définitivement au chemin le sol compris dans les nouvelles limites qu'elle détermine. Cette décision dépossède le propriétaire des terrains nus
à occuper ; elle est translative de propriété et doit être nécessairement rendue pour permettre l'élargissement de la voie. Il ne peut
donc y avoir entre le propriétaire et l'Administration qu'un arrangement sur le prix du terrain quand il s'agit d'un immeuble non
bâti ni clos de murs.

SECTION PREMIÈRE
En cas d'accord sur le prix.

ART. 1er. — TERRAINS NON BATIS NI CLOS DE MURS.

1° Ampliation de la décision approuvant le règlement du prix ou
la fixation de la soulte;

2° Expédition ou extrait de l'acte portant arrangement amiable
timbré, lorsqu'il est produit avec le compte final, et non timbré
lorsqu'il s'agit d'une justification provisoire ; ladite expédition ou
ledit extrait constatant que le vendeur a produit les titres qui établissent sa possession ;

3° L'acte qui a prescrit l'élargissement, savoir :

Décision du Conseil général, s'il s'agit de chemins de grande communication et d'intérêt commun (Loi du 10 août 1871, art. 44);

Décision de la commission départementale, s'il s'agit de chemins vicinaux ordinaires (Loi du 10 août 1871, art. 86).

Ladite décision portant mention de la transcription et de l'enregistrement et spécifiant qu'elle n'a été l'objet d'aucun des recours énoncés par les articles 47 et 88 de la loi du 10 août 1871 ;

Et, dans le cas où la décision de la commission départementale aurait été frappée d'appel :

Décision du Conseil général.

4º Toutes les pièces spécifiées au chapitre 1er, section 1re, article 1er, § 1er, sous les nos 4º, 5º, 6º, 7º, 8º, 9º, 10º, 11º 12º et 13º.

Art. 2. — Terrains batis ou clos de murs.

En cas de convention amiable portant à la fois sur la cession et sur le prix :

Les pièces mentionnées au chapitre 1er, section 1re, art. 2, § 2.

En cas de convention portant accord sur la cession mais réservant au jury la fixation du prix :

Les pièces mentionnées au chapitre 1er, section 1re, art. 2, § 2.

En cas de convention sur le prix seulement, postérieur à la translation de propriété par voie d'expropriation :

Les pièces mentionnées au chapitre 1er, section 1re, art. 3.

SECTION II

En cas de désaccord sur le prix.

Art. 1er. — Terrains non batis ni clos de murs.

1º L'acte qui a prescrit l'élargissement,

Savoir :

Décision du Conseil général, s'il s'agit de chemins de grande communication et d'intérêt commun (Loi du 10 août 1871, art. 44);

Ou :

Décision de la commission départementale, s'il s'agit de chemins vicinaux ordinaires. (Loi du 10 août 1871; art. 86.)

La copie de ladite décision mentionnant textuellement la transcription, énonçant la date de la notification et spécifiant que la décision n'a été l'objet d'aucun des recours énumérés par les articles 47 et 88 de la loi du 10 août 1871 ;

Et, *dans le cas où la décision de la commission départementale aurait été frappée d'appel* :

Décision du Conseil général;

2º Expédition de la décision du juge de paix fixant le chiffre de l'indemnité, ou jugement du tribunal civil, s'il y a eu appel de la sentence du juge de paix ;

3º Les pièces spécifiées au chapitre 1er, section 2, sous les nos 2º, 3º, 4º, 5º, 6º, 7º, 8º, 9º et 10º.

En cas de consignation du prix de vente, voir le chapitre 1er, section 1re, article 1er, § 1er.

ART. 2. — TERRAINS BATIS OU CLOS DE MURS.

Les pièces spécifiées au chapitre 1er, section 2.

SECTION III

Alignement.

ART. 1er. — TERRAINS NON BATIS NI CLOS DE MURS.

Il y a lieu d'appliquer les règles posées en matière d'élargissement.

ART. 2. — TERRAINS BATIS OU CLOS DE MURS.

En cas d'acquisition par voie d'alignement, lorsqu'il existe un plan général dûment homologué, et lorsque le propriétaire fait démolir sa maison, ou qu'il est forcé de la démolir pour cause de péril ou de vétusté, l'arrêté d'alignement individuel délivré soit par le maire pour les chemins vicinaux ordinaires, soit par le préfet ou par le sous-préfet pour les chemins de grande communication et d'intérêt commun, emporte dépossession de la partie retranchable, et les formalités de purge, s'il y a lieu, doivent s'effectuer conformément à la loi du 3 mai 1841. (Loi du 16 septembre 1807, art. 50. — Cour de cassation, chambre civile, arrêt du 19 juin 1844, Peclet. — Circulaire du Ministre de l'intérieur du 2 décembre 1848 et du 12 mai 1869.)

1º Arrêté individuel d'alignement, visant la date de l'homologation du plan général, en conformité duquel il doit être donné, relatant textuellement la mention de la transcription et énonçant la date de la notification ;

2º Les pièces spécifiées au chapitre 1er, section 1re, article 1er, § 1er, sous les nos 4º, 5º, 6º, 7º, 8º, 9º, 10º, 11º, 12º, 13º.

(L'arrêté d'alignement tient la place du jugement.)

3º Convention amiable (T), dûment approuvée, s'il y a lieu, ou, à défaut, décision du jury rendue exécutoire par le magistrat directeur contenant règlement de l'indemnité et, s'il y a lieu, répartition des dépens.

Lorsque, pour l'exécution du plan d'alignement, on n'attend pas que le propriétaire démolisse, soit volontairement, soit pour cause de péril ou de vétusté, les constructions frappées de la servitude de reculement, il faut distinguer si la commune acquiert, en vertu d'un décret déclaratif d'utilité publique, l'immeuble dont le sol doit être incorporé à la voie publique, ou si elle l'acquiert en vertu d'un simple arrangement amiable sans un pareil décret.

Il est procédé à la purge des hypothèques, dans le premier cas, conformément aux prescriptions de la loi du 3 mai 1841 ; dans le second cas, selon les dispositions du Code civil. (Cour de cassation, arrêt du 19 juin 1844, villes de Saint-Etienne et de Montpellier.)

Les pièces justificatives à produire sont :

Dans le premier cas,

S'il y a eu convention amiable,

Toutes les pièces spécifiées au chapitre 1er, section 1re,

A défaut de convention amiable,

Toutes les pièces spécifiées au chapitre 1er, section 2 ;

Dans le second cas,

1o La décision homologuant le plan ;

2o Toutes les pièces mentionnées au chapitre 1er, section 1re, art. 1er, § 2, dans le cas où l'utilité publique n'a pas été déclarée.

CHAPITRE III

INDEMNITÉS ACCESSOIRES EN CAS D'EXPROPRIATION. INDEMNITÉS MOBILIÈRES LOCATIVES OU INDUSTRIELLES.

1o En cas de convention amiable :

Convention (T) dûment approuvée s'il y a lieu.

2o En cas de règlement par le jury :

Décision du jury suivie de l'ordonnance d'exécution rendue par le magistrat directeur, contenant règlement de l'indemnité et, s'il y a lieu, répartition des dépens.

Ou 3o en cas de règlement par le juge de paix :

Expédition de la décision du juge de paix fixant le chiffre de l'indemnité ou jugement du tribunal civil, s'il y a eu appel de la sentence du juge de paix.

CHAPITRE IV

DISPOSITIONS RELATIVES AU TIMBRE ET A L'ENREGISTREMENT.

Tous les actes passés, soit en vertu d'une déclaration d'utilité publique, soit pour l'exécution d'un plan d'alignement dans le cas où le propriétaire riverain est obligé de s'y soumettre, sont visés pour timbre et enregistrés gratis, lorsqu'il y a lieu à la formalité de l'enregistrement. (Loi du 3 mai 1841, art. 58. — Cour de cassation, arrêts des 19 juin 1844, 6 mars 1848, 31 janvier 1849. — Circulaire du Ministre de l'intérieur du 2 décembre 1848.)

Il en est de même à l'égard des actes ayant pour objet les acquisitions de terrains bâtis ou non bâtis faites en exécution du décret du 26 mars 1852, pour l'ouverture, le redressement ou l'élargissement des rues formant le prolongement des chemins vicinaux, dans les communes auxquelles les dispositions de ce décret ont été déclarées applicables en vertu de son article 9. (Décret du 26 mars 1852, article 2. — Décision du Ministre des finances du 28 mai 1857.)

Les quittances pures et simples sont passibles du droit de timbre créé par l'article 18 de la loi du 22 août 1871.

———

Je vous prie, Monsieur le Préfet, de porter la présente circulaire à la connaissance des maires, des agents-voyers et des comptables de votre département, par la voie du recueil des actes administratifs. Vous voudrez bien également m'en accuser réception.

Recevez, Monsieur le Préfet, l'assurance de ma considération très distinguée.

Le Ministre de l'Intérieur,

DE FOURTOU.

FIN.

TABLE ALPHABÉTIQUE

DES MATIÈRES CONTENUES DANS CE VOLUME

FIN DE LA TABLE ALPHABÉTIQUE.

Paris. — Imp. E. Capiomont et V. Renault, rue des Poitevins, 6.

PARIS. — IMPRIMERIE E. CAPIOMONT & V. RENAULT

6, rue des Poitevins. 6.

www.ingramcontent.com/pod-product-compliance
Lightning Source LLC
Chambersburg PA
CBHW052219270326
41931CB00011B/2408